日本史籍協會編

橋本實梁陣中日記

東京大學出版會發行

橋本實梁陣中日記

例　言

明治元年正月三日鳥羽伏見ノ變アリ五日朝廷橋本實梁ヲ以テ東海道鎭撫總督ト爲シ兵ヲ率ヰテ東海道ヲ徇ヘシム本書ハ實梁カ京都ヲ發シ桑名城ヲ取リ駿府ニ進ミ干戈ヲ交ヘス平穩裡ニ江戸城ヲ收メ尋テ江戸鎭臺輔ヲ命セラル丶ニ至ル迄ノ細密ナル陣中日記ニシテ其ノ筆錄者ハ橋本家ノ雜掌伊藤爲迪ナリ乃チ讀者ハ之ニヨリテ當時ニ於ケル總督ノ動靜ヲ初メ東國ノ諸侯以下舊幕臣カ官軍ニ對シ一意恭順ヲ表セシ情形ト靜寛院宮使者

ノ陣中往來竝ニ江戸城請取ノ始末等ヲ詳ニスルヲ得ヘク洵ニ重要ナル史料ト云フヘシ
本書ハ橋本伯爵家所藏ノ原本ニ據リ嚴密ナル校訂ヲ行ヒ括弧ヲ以テ二三ノ傍註ヲ施セリ仍ホ同伯爵家カ本書ノ刊行ニ際シ快ク之ヲ許諾セラレタルハ本會ノ厚ク感謝スルトコロナリ

昭和四年九月

日本史籍協會

慶應四辰年正月ヨリ

若殿樣

東海道爲鎭撫總督使幷

御道中大津驛外驛々御滯陣中

雜記

爲迪

○正月五日

一御参内辰刻御進發申刻過

一蹴上御小休

一大津驛御著酉半刻

一御本陣に

参上

石原清一郎使

山田武助

右御著ニ付御機嫌伺幷相應御用被爲在候節ハ何時ニても被　仰付候

樣此段申上候由之

一参上

備前藩

池田酒造

森　次郎左衛門

右　御兩卿御對面之

參上

備前藩
阿州藩
彦根藩
大村藩
佐土原藩

右御對面之尤御兩卿

備州藩
塩見定右衞門
大村丹後守內
渡邊清左衞門
松平阿波守留主居
合田左源次
島津淡路守家來

一參上

澁谷左仲
井伊掃部頭內
關由太郎
右御兩卿へ御對面之
一京都へ御用御差立
右細川藩原田小左衞門に
御直ニ御渡シ之事
石原淸一郞組同心
八戸重之助
栜沼唯一
一參上
右御逗留ニ付御本陣近邊非常見廻リ被申付候間此段御屆申上候由之
事
○六日

一　井伊掃部頭使者
石原甚五左衛門
右當驛御著ニ付御機嫌伺候由之處相當御答之

一　大村
和田藤之助
右御對面之
但　御兩卿共

備藩
一依御招參上　塩見定左衛門
御對面之

一參上　島津淡路守家來
三雲爲（一カ）次郎
右者武州忍松平下總守留守居下役當驛止宿ニ付何等之用事ニて被下

候哉相尋候處留主居ニ勢州大ヤチト申陣屋罷越候哉ト存候由答ニ付
御主人ハ何レト相尋候ハヽ國ゟ伊賀越下坂由ニ付如何仕候哉伺度旨
申出候處先頭分ニ聞糺之上取計可然旨御答候處承リ猶兩三人附添京
師迄相送リ聞糺之上可申上旨申上

一 松平阿波守內
　長江播摩（磨カ）

右御對面之

一 大村丹後守家來
　渡邊淸左衛門

右御對面

一 本多主膳正家來
　木村彌右衛門

參上

右ニ御當所ゟ膳所迄御兩卿樣御出張之趣內々承知仕候故彌御出張ニ

相成候哉銘々共迄御尋ニ付　言上之處其儀ハ實以相包りられ候様之
御答之由之

一　　　　　　　　井伊掃部頭家來
　　　　　　　　　　三浦與右衛門

一參上　　　　　　同道
　　　　　　　　　日下部内記

右御兩卿へ御對面之

一參上　　　　　　石原清一郎組
　　　　　　　　　多賀千之介
　　　　　　　　　手塚保藏

右ハ清一郎ゟ御門前　御警衛被仰付候ニ付何時ニ而も相應之御用被
仰付候事

一御本陣　　　　　大塚嘉右衛門

献上
みりん　　　壹臺
　　　　　　　　　松平備前守家來
　　　　　　　　　　安井坂次郎

一参上
右御兩卿ぃ御對面之
覺
物頭
（小篠彦左衛門
（八木田小左衛門
連人八人
組足輕三拾貳人
玉薬持夫三人
番頭
（清田儀左衛門
組脇
（藤崎彌左衛門

物見

連人三人

南萬之允

草刈善助

連人貳人

馬廻重士貳拾八人

連人貳拾八人

銃隊長

渡邊彌之平

永山熊雄

兼田仙次郎

連人七人

銃隊組

五拾五人

總人數合百四拾七人

右之通相調御返仕候以上

正月六日

小篠彦左衛門

八木田小左衛門

右ハ細川落人數書差出之事

大津問屋中

一參上

目錄

一大豆　壹俵

一糖　壹俵

一秫　壹俵

右之通奉　獻上候宜御披露奉願上候以上

大津宿問屋

上本長次郎

村田利兵衛
松田甚右衛門
長井金六

今般
御進發ニ付獻上仕度由之處御進發ニ付當用之品々獻上御滿足ニ思召
旨相答候事

一參上　石原清一郎殿
右御對面之

一同　大津御本陣
吉本彌四郎
右御著恐悅申上候事

井伊掃部頭家老
一參上　三浦與右衛門

同道

日下部内記

右ハ過刻御達之趣早速ニ掃部頭ゟ申聞候處難有御請申上候右之段

以使申上候之

一柳原樣下部壹人歸京之由ニ付御狀御差立之

一

京都丸太町西三本木上ル

藤波殿御内

永島采女

奥詰銃隊楫斐五郎左衛門内

澤井愼吾

以前奥平大膳大夫家來ニ御座候夫ゟ於京都

穗波左京大夫殿ゟ御仕候者ニ罷在候又候於京都仕度義ニ御座候

右當驛通行仕候間相通候而宜哉伺度旨備前藩丹羽平治右衛門ゟ申出

候ニ付不審無御坐候ハヽ相通し候て宜旨御答之
井伊掃部頭殿へ
御使　外記
一右ハ毎々御念被入候御使者之御挨拶且掃部頭様御所労御見舞被申入候事取次三浦與右衞門
一參上
備前藩
塩見定右衞門
右御對面之
一御兩卿へ御宿陣御見舞として鯉一折獻上且御兩卿御家來一同へ御酒壹升肴一折進上之事
細川越中守
物頭一同より
細川藩付預

一參上　鹿子木彌左衞門
財津民助
右御兩卿江物見言上之
一同　大村
和田藤之助
右御對面之
一參上　尾州藩
高畠鐵太郎
大垣役人
先觸
垂井宿始り
覺
一人足　百人
一馬　五疋

右ハ明五日出立京都迄罷越候間宿々無滯繼立可給候事

正月四日　大垣

役人

垂井宿ゟ

大津宿迄

右宿々

問屋中

右先觸問屋ゟ持出候間如何仕候哉伺度由之處無滯繼立候而宜旨御答之

松平阿波守宿主（留カ）居

一參上　合田左源次

右御兩卿ニ御對面之但桑藩壹人召捕ニ付伺之

備前藩

一參上　塩見定左衛門

森島季五郎
安藤徹福丸家來
松下鎗之助
紀州藩（マヽ）
本多主膳正家老
本多頼母
同家來
木村彌右衛門
細川越中守内
小篠彦左衛門

印鑑〇

右印鑑持參ニ而如何仕候哉伺候處無滯相通候ハヽ宜旨御答之

一參上

右申上度義御座候間御對面相願度与之處（欠マヽ）

（附箋）

右ハ昨夜御差立ニ相成候御返書持參之事

一參上　　　　石原清一郎

御招ニ仍參上之處

御對面之　但シ此義於當驛阿州藩之者桑名藩壹人召捕ニ付引渡之

事被仰渡候事

口狀

御達之義御坐候間早々御入來可被成候以上

柳原侍從殿

橋本少將殿

役所

正月六日

備前公

阿波公

彥根公

佐土原公

大村公

御重臣中

右持廻りニて本陣ゟ為持遣ス

一　細川越中守内

河邊鐵之助

右之者上京之由ニ付　御状壹封御言傳之事

一參上　石原清一郎組

八戸重之助

一井岩太

右御本陣廻り仕候間此段御屆申上候由之

一依御招　井伊掃部頭家老

參上　三浦與右衞門

同道

一同斷
石原甚五左衛門
一同斷
松平阿波守留主居
寺西金右衛門
一同斷
備州藩
寺澤藤左衛門
一同斷
島津淡路守内
澁谷左仲
一同斷
大村藩
和田藤之助
右御對面之
一參上
十津川
前木鏡之助
同　伜

中　瑞雲齋

右御對面之

一今度御進發ニ付御警衛面々ヘ左之通被下

但シ御警衛細川藩百四十七人

御酒　一樽四斗

勝魚料　金千疋

右御兩卿ゟ

一　大津宿問屋中ゟ

過刻目六之通獻上ニ付御返し

金千疋

被下

別段

金三百疋

右御兩卿ゟ

大津御本陣
　大塚嘉右衞門ゟ

一　過刻樒（蜜）柑獻上ニ付御返し
　　金百疋被下

右

備前藩
　森島季五郎

一參上

覺

一用意人足　三人
　但　宿駕籠　壹挺
　分持　壹人

澤井愼吾

右之者此度主人用向ニ付而大坂表迄差遣候明後廿二日當許出立東海道旅行罷在候若於途中足痛病氣等之節ハ書面之人足御定賃錢請取之於宿々無差支被差出候尤休泊川越等ニ至迄差支無之樣取計可給候此先觸大坂堂島五丁目中津藏屋敷大島爲右衞門方迄無相違相屆可給候以上

奥詰銃隊

楫斐五郎右衞門內

卯十二月廿日

中村久兵衞

東海道

宿々

問屋

年寄中

致別啓候然ハ此度廻狀差立候間無遲滯早々御順達賴入存候以上

京極佐渡守內

伴　唯右衛門
松岡甚右衛門
宿々
御本陣中
京都丸太町西三本木下ル
藤波殿御內
永島采女
奥詰銃隊梶斐五郎左(右)衛門內
澤井愼吾

一　以前奥平大膳大夫家來ニ御座候夫ゟ於京都穗波左京大夫殿へ御仕候者ニ罷在候又候於京都仕官仕度義ニ御坐候
右書附貳通持參ニ而如何仕候哉伺候處　御對面ニ而御答之

○七日

一參上　　細川越中守內
　　　　　　　　河邊鐵次郎
右ハ昨日御差立ニ相成候御返書持參急度御落手之

一　　　　　　　細川藩
　　　　　　　　小篠彦右衛門
右ハ昨夜御酒御肴被下候ニ付御禮申上候直　御兩卿御對面之

一　　　　　　　中　瑞雲齋
被召候事

一依御招　　　　中　瑞雲齋
參上　　　　同道
　　　　　　　　前木鏡之進
右御兩卿御對面之

一　井伊掃部頭殿使者
　　關　由太郎

覺

一御菓子　壹箱
一活　鯉　五尾
　以上

右目六之通軍中御見舞として御到來之

一參上　松平備前守家來
　　　　小堀右衛門兵衛
　　　大村丹後守家來
　　　　渡邊清左衛門

一　右御（對脱カ）面之　彦根陣所ニ

御使　帯刀

右ハ過刻陣中御見舞として御到來物御挨拶被　仰入候事且又被

仰渡候義有之候ニ付重役貳人御招之事

取次　松久主計

肥後藩

木原彦四郎

宇野潤左衞門

右御對面之　但シ交代ニ付御對面相願

肥後藩物頭

八木田小右衞門

同番頭

淸田儀左衞門

右御對面之

但交代ニ付御對面相願

一依御招參上　石原清一郎

右御對面之

一　與正寺御門跡使者
中村主膳

右ハ今般當所ヘ出役仕候様　參與衆ゟ被　仰渡只今著此段御屆申
上候由且無程參上被致候間乍序此段も願申上候由之

一參上　稻波內舍人

右御逗留御機嫌伺

餡餅　但次一同ヘも

獻上　同樣到來之

一參上　長州
木梨精一郎

一

右御對面之事

物頭

馬廻り組脇

物見

細川藩御警衛

交代人數

後藤多兵衛

神足十郎助

連人三人

組下三拾貳人

東太郎平

連人貳人

大塚孫兵衛

連人貳人

片山傳四郎

内柴三吾

以上

正月七日

右書付出ス

一参上

和組重士

都合貳拾五人

連人貳十七人

備前藩

長谷川信次

西江州高島郡

藤江村

圓覺寺

山科西御坊所

教城

西江州志賀郡
南小松
西方寺
惠霖

六條御殿
御賄方〔印〕
江州高島郡
藤江村
圓覺寺

〔印〕
御印鑑
慶應二丙寅年
五月廿一日出京

當國愛知郡
下八木村
蓮照寺
弟子　大圓

右書付持參ニ而通行爲致候て宜哉伺出候處無子細通行爲致候て宜

旨御答之
一　興正寺御門跡御出
右御面會之
一　興正寺殿旅宿ヘ
御使　帶刀
取次　平井三郎
右ハ過刻御入來御挨拶被　仰入候事幷供頭御招之處内田外記承知之由之
一　興正寺御門跡
供頭
内田外記
柳原侍從樣御内
長瀨牧太

右御招兩人出會過刻御門跡御入來之節玄關迄御輿舁被入候義如何
御心得ニ御座候哉銘々共承知致度旨申述候處一向不案内ニ付失禮
被致候段御斷被申上候由返答之處内々　少將殿侍從殿承知被致候
義ニ候得共何分　御用之事故　朝廷ゟ恐入候間重役衆ゟ相談之上
返事承度申答

一參上　　　　　　　　　　　　　　　　石原清一郎

右ゟ御機嫌伺として
御酒壹樽　　御次一同ゟ　酒壹樽
御重之内　　重之内　小頭ゟ酒肴
獻上仕度由之處非常御時節柄之義ニ付此段堅御斷被　仰遣候事

備前藩

一參上　　　　　　　　　　　　　　　　檜原隼太

戸田釆女正家臣

参與　小原二兵衞家來
鈴木休左衞門

右ハ當驛通行爲致候而宜哉伺候處通行爲致候而宜旨御答之

備前藩
一参上　森島季五郎

右ハ與正寺門跡家來通行爲致候て宜哉伺候處無子細旨御答之

同藩
一参上　長谷川信次

右ハ越後白崎喜多重方辰藏ト申者通行ニ付取調候趣ハ和田勝太郎方ニ奉公致居候處病氣ニ付暇ヲ乞ヒ黒門美濃や定吉方ニ養生致居候處追々全快ニ付歸國仕度由ニ付帶刀も致不申候間通行爲致候而宜哉伺出候處無子細旨御答之

細川藩
一

物頭
馬廻り組脇
物見
右之面々江　御兩卿御對面之
一參上
右御對面之事
一參上

後藤多兵衛
神足十郎助
東　太郎平
大塚孫兵衛
片山傳四郎
内柴三吾
三井寺公文所
富田治部法眼
輿正寺御門主内
福田帶刀
内田外記

（伺候）

右ハ過刻門主詞公被致候節家來之者不案内ニ付失禮之義出來仕恐入候門主ゟも相談仕候處門主不行屆且家來も不行屆故ケ樣之次第出來何分宜御詫被申候間宜御取計奉願候由之處口上之趣致承知候以來急度被相心得候樣此度之處ハ差含置候由御答之

一參上　阿州藩　寺西金右衛門

右御對面之

一參上　十津川　前木鏡之助　中瑞雲齋

右御對面之

一參上　土州　今坂甘錄

右御對面之

一今申刻比　御內ゟ與市參ル右ハ御書幷長持御雨掛等持參之

○八日　今曉雪

一參上

備前藩

檜原隼太

以手紙申入候然ハ主人日向守明八日其驛通行ニ付人足繼立候樣先觸差出置候處此節柄不穩風聞候ニ付當驛ゟ人馬共買揚被越候間左樣承知有之候右申入度如此候以上

正月七日

〆

永井日向守宿割

井口大次郎

大津宿

問屋役人中

右之紙面持參ニ而當藩京都清和院御門御固之節承リ候ニハ永井日向守樣御在京ト承リ居候處今當驛御通行之由承リ餘リ不審ニ存候間此段相伺候由之處　禁中ゟ火役被　仰付候節在府中ト申事故如何間違ニも候哉今一應取調候樣御返答之

備前藩

檜原隼太

一大夫樣爲　御使被爲成候事

本願寺御機嫌伺

江州犬上郡

尼子村

連覺寺

一參上

同州同郡

麟靜

法養寺村
正行寺
可乘

同州同郡
下之口村
寶蓮寺
恵海 廿七才

同州同郡
古川村
正覺寺
靈瑞（花押） 行年廿七才

同州同郡
唯念寺

嚴行

同州同郡
下之郷村
法月寺
惠隆（花押）

右書付持參通行之義伺候處無子細旨御答幷過刻申上候御返答申上ル永井日向守樣之義取調候處御在京ト申者も有之又御在府ト申者も有之何レ晝夜御通行ト存候間合印等を取調仕候哉伺候處左樣之義御座候而ハ混雜故同役本多主膳正ヘ萬事問合等可然旨御答之
備前藩
石津小藤太
永井日向守使者
鈴木治三郎

一參上

一

上包

永井日向守使者
鈴木治三郎

手控

手控

日向守儀今度爲上京舊臘廿二日江戸表發足今八日當驛通行仕候ニ付此段申上候以上

永井日向守使者
鈴木治三郎

正月八日

一多良尾久右衛門御招ニ付左之通切紙ニ而申遣ス
但細川藩相勤ム片山嘉悦岩衛新兩人勤候

相達候儀有之候間只今早々橋本少將殿本陣ヘ可被罷出候事

多良尾久右衛門

一依御招參上

石原清一郎

右御對面之　興正寺御門主内
内　田　外　記

一參上

右ハ御門主以後參上被致候節ハ何レニて下乘被致候て宜哉伺候ニ付御門前ニて下乘之由申入候事

一六藩ヘ廻狀出ス左之通

御用之儀有之候間早々御入來可被成候樣　御命候事

柳――

橋――

――

御次第不同

備　前　公

阿　波　公

彦根公
佐土原公
大村公
膳所公
御重臣中
一參上
右御對面之
一圓滿院宮御門室御使
右御逗留御見舞被仰候也
一依御招參上

畑肥前守
木下右兵衞尉
園主計
松平備前守家來
小堀右衞門兵衞

一同斷　大村藩
　　　　松尾六藏
一同斷　彦根藩
　　　　關由太郎
一同斷　松平阿波守留主居
　　　　寺西金右衛門
　右御對面之
一參上　石原清一郎手代
　　　　三宅甲太郎
　右ハ御本陣ニ勤入候間御用も御坐候得ハ被仰付候之
　八日
一大夫樣爲御使卯半刻被成直樣御歸京之
一參上　中瑞雲齋忰

左近
鼎
健

右ハ御用之節相詰候事

井伊掃部頭家老
三浦與右衛門

同道
石原甚五右衛門

○九日

一參上

四ツ折ニ

私儀今般御警衛被　仰付出津後數日ニも相成候間上京奉窺　天機度心掛候得共何分病氣掟ニ不仕上京相成兼候ニ付責而御旅館迄參上可仕心得ニ候處宿病之上中寒致何分ニも參館仕兼候間名代家老

を以奉窺
天機度御序之節宜御沙汰被成下候様奉願候以上
正月九日　井伊掃部頭
右書付差出候處御承知猶京師へ便之節言上可被成旨御答之
一　東寺観智院僧正殿使
安井多嘉助
煉羊羹　拾棹
右御逗留御見舞として御到來之
若狭屋源七
御菓子　一箱
一　佛光寺六十君御方御使
平等閣
右御機嫌伺獻上之

右ハ東海道筋爲鎭撫御出張ニ付御見舞被仰進候由之

一御兩卿御出門
　右所々固所爲御見分被爲成候事直樣御歸陣之
　　　　　　　　　　　　　　　　中　瑞雲齋

一
　右干鰈　　壹包
　御兩卿ニ獻上之
　　　　　　　　　　　　　　　多羅尾織之助手代
　　　　　　　　　　　　　　　　　廣　瀨　加　作

一依御招參上
　右ハ本人大坂表へ出張ニ付手代差出候由ニて書付壹通出ス
　　歩兵頭其外止宿通行いたし候儀ニ付奉申上候書付
　　　　　　　　　　　　　　　歩兵頭
　　　　　　　　　　　　　福王駿河守支配
　　　　　　　　　　　　　　　　役々歩兵

凡人數六百人

一當辰正月七日泊
是ハ舊冬中江戸表出立上京之積東海道水口宿迄相越候處去ル三日
伏見宿騒
此分御手本江上餘ハ略ス

一參上　石原清一郎
愚昧之者ニ御坐候得共私儀
朝廷之御役義奉相勤度心底ニ御座候當地之儀ハ年來支配仕候義ニ
付可相成ハ是迄通支配被　仰付候樣仕度此段奉願上候以上
辰正月　石原清一郎
右書付不出御落著之

興正寺新御門跡使
一參上　内田外記

右ハ御在陣中御見舞として御酒壹樽御到來之事
但シ御家來ゟ千疋到來
土佐
岡本健三郎

一參上
土州
今坂甘錄

右御對面之
園城寺學頭代
圓宗院大僧都

一
右ハ御在陣中御機嫌伺且昨日池田治部ゟ御達之趣承知仕事
但シ御奉書一箱ニ到來

一德大寺中納言殿

一岩倉前中將殿
御使

畑　肥前守

右御對面之

一　　　　東本願寺御門跡ゟ

右ハ明十日當所ニ被成御越候此段御届被仰入候由之

一御使

正親町少將殿　御出

一　　　　木梨清(精)一郎ゟ

御菓子　二箱

獻上之

○十日

一六藩ニ廻狀出ス

御用之儀有之候間今辰刻無遅々參上可被成候條　御命候事

柳――

正月十日卯刻發
備前侯
佐土原侯
大村侯
彦根侯
阿波侯
膳所侯
御重臣中

一依御招參上

一同斷

橋―――雜掌

本多主膳正家老
本多伊織

備州
花房七大夫

一同斷　大村　渡邊清左衞門
一同斷　佐土原　澁谷左中
一同斷　阿州　合田左源次
一同斷　彥根　大塚八十五郎
（一行欠ヵ）
一肥後藩ゟ當地ニ里見として相爲廻候間此段御屆申上候由之
一興正寺御門主殿ゟ
御使　帶刀
右ハ過日御到來物之爲御答禮御菓子一箱被進候事

但シ御家來ヘ金千疋被下

井伊掃部頭內

田中土岐太郎

一參上

右ハ若州荷物木津村彌七舟積入道引致候處先止置候得共道引致候

而も宜敷候哉右之段伺度由之處

一御機嫌伺參上

總年寄

矢島新之助

小野宗九郎

御用米方取締役賄

貝屋權之助

御用米方取締役

鍵屋五兵衞

美濃や利兵衛
越後や嘉左衛門
木屋作十郎
伊勢や宗次郎
大津問屋役人

一參上

覺

御元服ニ付伊勢之奉幣使
祭主神祇大副樣御登
但水口御立
右ハ明十一日大津御休ニ相成候ニ付此段御屆ケ奉申上候以上
辰正月十日
大津宿問屋

松平阿波守内

山田大作

同

先山弓弦

一

一

右御對面之

一六藩ニ廻狀遣ス

覺

一兵何人

一大炮何挺

一右ハ早々御書付御差出可被成候　御命ニ候事

柳―

橋―

雑掌

正月十日午刻

備前藩

阿波藩

彦根藩

佐土原藩

大村藩

本多藩

御重臣中

一參上　本願寺東御門跡御内

川那大監

一參上　石原清一郎手代

山田武助

一米三千拾九石餘　納米凡有高

一金八千兩餘　　　　　納金銀其外諸取扱金銀凡取高
銀貳拾貳〆目餘
右書付出ス
參上
一佐土原藩　　　　　　桑原新吾兵衛
同
一大村藩　　　　　　　和田藤之助
右ハ御達之御請書差出之處御落手之事
一今日節分ニ付御本陣大塚嘉右衛門ゟ豆獻上次一同ニも差出ス
松平備前守内
一參上　　　　　　　　花房七大夫
覺
一大炮　　　九挺

一戰兵　　貳百七拾人
　外ニ雜人百五拾人
右之通御座候以上

　正月十日
　　　　　　　　松平備前守内
　　　　　　　　　花房七大夫

一
　　本多主膳正人數
　　　　　　　　本多主膳正家來
　　　　　　　　　猪狩衛盛

兵　百九拾九人
　外ニ醫師貳人
中炮　四門
大炮　貳門
以上

一參上　　　　　　　　　　　　　　土州
　　　　　　　　　　　　　　　　　今坂甘録
右ハ御對面願度由之處長藩木梨清（精）一郎薩州藩海江田武治方ニ可出
旨被　仰遣候乍序申上候由今日京都五條坂ニ會藩大垣藩三百人計
參リ候由土藩ヘ注進有之候由承リ候間一寸申上置候由之
　　　　　　　　　　　　　　井伊掃部頭内
一參上　　　　　　　　　　　　　關由太郎
右ハ綾小路様滋野井様彦根領迄去ル七日御立去之趣書取ヲ以申上
ル委書付　御手元ニ上ル
一朝廷　御使　世續三河守
右ハ御もち持參之
　但御唐櫃入　一同ニ支度出ス
一　　　　　　　　　　　　　　　稻波内舍人

岡本右京少進

右ハ書記被　仰付候ニ付以後御本陣へ相詰候由之

一朝廷　御使世續三河守始人足江支度出候樣於

禁中被　仰候由ニ付出ス

○十一日

一　　　　肥後藩ゟ

　　朝鮮飴

　右獻上

一參上　　　　備前藩

　　　　　森島季五郎

　右ハ高松藩貳人致通行候間通行爲致候而宜哉伺候處決而通行不相

　成旨御答之

興正寺御門跡御使

一　　　　　　　　　　　　　　　内田外記
一參上
　右ハ昨日御菓子被進候御挨拶之且又　御供方にも被下候御禮
一參上　　　　　　　　　　　　　赤井庄藏
　右ハ御在陣中爲御機嫌伺菓子一箱獻上之事
　　　　　　　　　　　　　　因州藩
一參上　　　　　　　　　　　　　小谷平太
　右ハ當所に人數三百人計出張ニ付御屆申上候事
御上分
一ほくへ　　　　貳
一硯　　　　　　三面
　内貳面書記方
一筆　　　　　　十本
一墨　　　　　　貳丁

（截）
一立物はう丁　一ツ
一たち物板　一
一じようぎ　一
右品々石原清一郎江申付候之
一依御招ニ參上　佐土原　篠邊清左衛門
一同　大村藩　松尾六郎
一參上　井伊掃部頭内　小西久馬右衛門
右ハ過日願上候一條伺之處賀平太面會候事
木幡村庄屋
一　德兵衛

右ハ爲御機嫌伺茶壹包獻上候事
井伊掃部頭内
關　由三郎
一參上
右ハ掃部頭殿爲天氣伺上京ニ付右掛ニ而御兩卿樣ヘ御機嫌伺參上之由出張之事　但參上之處御斷
谷大膳亮樣内
田丸正左衞門
一
右御對面之
一朝廷　御使　高葉筑後權介
右ハ　御旗持參之
但御唐櫃ニ入　一同ヘ支度出
主膳正内
羽賀記
一參上

依御招ニ
右ハ御對面　但シ御切紙ニ而御達之事
大津宿問屋
一参上　上本長次郎
村田利兵衞
松田甚右衞門
長井金六
右ハ過日三井寺邊迄御首途恐悦申上右ニ付かち栗一箱獻上之事
一参上　中山安石
右御對面且御菓子一箱獻上之事
一同　藤井伊賀様
右御機嫌伺之事
但シ雜掌面會

一同
右同断
小野越後守

一同
右同断
河越兵部権介

一御達之儀有之候間早々參上可被成候條　御命候事
柳原殿
橋本殿
雑掌

正月十一日
土州御藩
阿州御藩
備前御藩
佐土原御藩

大村御藩
御重臣中
土州
一依御招參上　今坂甘錄
松平備前守內
一同斷　花房七大夫
○十二日
加藤能登守家來
一參上　池田彈之進
右者以手控御屆ケ之處承知之事
一　井伊掃部頭家來
右綾小路殿　滋野井殿之義書取ヲ以申上委ハ御手本有ル
一井伊掃部殿（マヽ）入來

右御兩卿御對面之
一井伊掃部頭殿い
右ㇵ過刻入來御挨拶被仰入候之
一石原清一郎手代ゟもさみ壹挺相廻ル
一參上

御使　帯刀
取次　酒井三郎兵衛

肥後落

御先御籏奉行
友岡彌太郎
續時雄

御跡御籏奉行
高橋伊一郎
志方嘉十郎

御側御旗奉行
渡邊岡之允
右之面々ニ御對面之
若州
岡見柳齋
師岡辰之助
一參上
右ハ此般従
朝廷被爲　召候ニ付右京大夫上京仕候間當驛通行仕度宜御取計奉
願候由之處若州小濱御不審之筋御座候由御達御坐候間壹人も通行
難成段御答之
但因州ゟ届出候名前書相違之由委ハ御兩家雜記ニ有之候事
興正寺御門跡御使
岡田彈正
一

右ハ御在陣中御見舞被申入候由幷御用も被爲在候ハヽ被仰下度由之

阿州藩

寺西金左衞門

一依御招ニ參上

右御對面之

林さく代

本多主膳正家來

林升策

一參上

右御在陣中御機嫌伺として御菓子一箱獻上次にも菓子一箱

本多主膳正使者

羽賀舍人

一參上

右ハ口上書壹通差出之處御落手之事

蜂須賀阿波守內

一參上　長江播磨

右御對面之

因州藩

一參上　鈴木うし五郎

右ハ綾小路殿ゟ松平求馬之介へ米錢調進可致御沙汰ニ付大津表ゟ御送リ可申上旨御答申上候由ニ付如何仕候哉伺之處無御頓著旨御答之此後ケ様之義御座候而ハ能様可取計旨御答之

一參上　石原清一郎手代

右ハ四人會津藩ヲ大村藩召捕ニ付石原方へ受取候ニ付此段御届申上候之

一　分部若狭守内

（欠マヽ）

右ハ以書取届之由之

○十三日

一 右ハ御門主被成御交代候段御届之事

興正寺新御門主使者
岡田彈正

一 細川藩
小篠彦左衛門
細川左京大夫

議定被 仰付候事

細川左京大夫

其藩事從前報國之志不淺應 召登京屬官軍候段
叡感不斜候尙此上可勵忠勤旨 御沙汰候事

右之通申上候事

戶田大和守使者

一　山田善兵衛
一鮮鯛　一折
一御酒　一樽
右ハ御在陣中御見舞として御到來之事
興正寺御門主使者
一參上　岡田彈正
右ハ當所ニ出張ニ付御在陣中御尋として鴨壹對御到來之
一佐土原藩
一大村同
一阿州同
一彥根同
一備前同
一肥後同

一因州同

右藩壹人ツヽ依御用有之唯今御本陣〻可被罷出候以上

參謀

一　　　　　　　　　　　　　　福井豐後守

右御對面之

一禁中ゟ御使岡本大炊

右ハ御兩卿〻參與衆ゟ御文箱御到來之處御返書被進候事

但御對面之

一參上　　　　　　　　　　　　七藩家臣

右ハ若州小濱美濃大垣通行被免候旨御達之

因幡中將家老

一　　　　　　　　　　　　　　荒尾駿河

同伴

御陣中奉伺　御機嫌候以上　山田宗平

正月十三日　因──

荒──

同──

山──

〇十四日

一參上　本多主膳正內

後藤太郎右衞門

右御返書御渡之

一參上　荒尾駿河

山田宗平

右御對面之

石川宗十郎内
岡　崎　雅　瑞
手島敬之助
同　厚之助
柳――
橋――
雑――

一同
右御對面之
右之者不日當　御本陣へ可參上候間無滯御通可被成候條　御命候
事
正月十四日
所々御固詰合中

人數書

覺

一 家司已下拾六人
一 加州藩七人
一 刀指五人
一 手廻り六人
一 別當四人
一 平人拾壹人
〆四拾九人
一 御荷物人足
一 長持三棹
此人足九人
一 兩掛四荷
此人足四人

一 桐油籠壹荷
此人足壹人
一 竹馬壹荷
此人足壹人
一 沓籠持貳荷
此人足貳人
一 挑灯持
此人足八人
〆廿四人
外ニ御用意人足拾人
右
橋本殿家
伊藤左近

柳原殿家
土橋對馬守

正月十四日

本多主膳正使
一參上　藤舎人
右ハ委細以書取伺之處御承知之事

一參上　籔內治郎兵衛
右ハ爲御機嫌伺與干（羊羹）十棹獻上之事

分部若狹守使者
一　三宅仲
右ハ宿陣中御機嫌伺として鯉壹尾獻上之事

一岩倉前中將殿ゟ御使　西川善六

一興正寺御門主ゟ
右ハ御兩卿ゟ御文御到來之處御返事被進候事
御使　永瀨牧太
右ハ御用透ニ參上之由被申入候處今日御用透ニ付御兩卿ゟ御招之
處御承知之
一興正寺御門主　御出
右御對面之
一
御用米取締役
越後屋嘉左衞門
木屋作十郎
右御用伺ニ參上之
〇十五日
一參上
手島敬之助

同　厚之助

覺

尾張大納言様　御下

使京都御立

右ハ今十五日大津御休被遊候此段御注進奉申上候以上

辰正月十五日　大津宿問屋

右書付差出候事

十五日

一興正寺御門主ゟ　御使　長瀬牧太

右ハ昨日御出之御挨拶且御陣中爲御見舞鯉貳尾被進候事

一讃州丸龜京極佐渡守　御登

但草津御立

右ハ今十五日大津御通リ被成候ニ付此段御届申上候之

大津宿問屋
多羅尾織之助手代
廣瀨加作○

一參上
右ハ正月九日十日右兩日酒井若狹守家來戸田采女正家來通行致候ニ付右以書取御屆申上候事

一參上　石原清一郎
右ハ去ル九日決心之書付入御覽候處御落手之趣奉拜承候於參與御役所疑心御座候哉ニ内々承知仕候間參與御役所ニも願書差出候而宜哉内々伺度由之處其邊可爲勝手旨右ニ付自分上京仕候而宜哉是又伺度由之處其邊ハ參謀ニ可致相談旨御答之

一參上　河野奉膳
右ハ白砂糖一曲獻上之
但御對面之

一參上　　　　　　　　　　　　　野中主殿

右ハ乾柹二箱獻上之

一きびたよう　　一ツ

右寶山ゟ獻上之

一參上　　　　　　　　　　井伊掃部頭内

　　　　　　　　　　　　　　　三浦清記

右ハ只今當所ヘ參著仕候間御機嫌伺御用伺之事

　　　　　　　　　　　　　蜂須賀阿波守内

一參上　　　　　　　　　　　　森甚作

右ハ過日播磨參上仕御兩卿樣ヘ御對面伺難有右ニ付麁末之品ニ候得共御兩卿樣ヘ獻上之處御深切之段忝被存候得共御品ハ御返し之處押而願候義ハ何共〳〵恐入候付御用人衆迄御預ケ置後刻御披露ニ相成候樣伺之處用人衆預リ置後刻及披露ニ候樣之御答之

酒井右京大夫使者
岸木省吾

一参上

右只今當（到）著仕候間右之段御届ケ申上候　且御機嫌伺以使者申上候事

本多主膳正殿使者
木村彌右衛門

一

右ハ戸田采女正殿御不審之筋被爲　解上京被　仰出候由ニて戸田采女正殿家來小野崎五郎右衛門罷越上京之節小人數ニて上京可然御沙汰ニ付餘人數百五人計延正寺ニ入置度旨相談ニ付如何仕候哉伺度由之處人數入置候て宜旨御答之

御使　井上中務

一禁中

右ハ御書御到來之處御返書被進候事

一滋野井侍從殿

綾小路前侍從殿　御使　武田文藏

右御書御到來御返書被進候之

○十六日

一御文箱　一ッ

右ハ京師參與ゟ可差出旨肥後藩番頭ゟ被　仰付候之

一井伊掃部頭殿ゟ　御使　長瀨牧太

中澤外記

右ハ掃部頭殿所勞爲御見舞菓子貳箱被爲進候之　取次　酒井三郎兵衞

戸田釆女正家來

一參上　吉田園平

右ハ釆女正無程御門前通行仕候間右之段御屆申上候之

一御兩卿　御出陣午刻前

右ハ三井寺ヘ被爲成右於寺內調練御覽之事

稻波(葉)美濃守殿使者

一　矢野源右衞門

右ハ御在陣中御見舞として鮮鯛一掛御到來之處　御留守中ニ付預リ置候事

土州

一參上　今坂甘錄

石原清一郎使者

七里銕之助

右ハ今日俄御勢揃無御滯被爲濟恐悅申上候事

井伊掃部頭內

一參上　關由太郎

右ハ今日三井寺ヘ人數操之義被　仰下奉承知候由之

一同　同　小西久馬右衛門

右ハ掃部頭殿所勞爲御尋御菓子一箱ツヽ　御兩卿ゟ被進候ニ付不取敢以使者御挨拶被申上候由之

肥後藩
物頭
一　小篠彥左衛門

右ハ御機嫌窺候事

戸田采女正家來
一參上　吉田團平

右ハ無程御門前通行仕候此段御屆申上候由之

一　戸田采女正殿御登

従守山御立

右ハ今十六日大津御通行被成候此段御注進申上候以上

大津宿問屋

御使　大角要人

一吉田殿ゟ

右ハ御在陣中御見舞被申入候之

大村丹後守殿使者

渡邊清左衛門

○十七日

一

砂糖　一箱

塩煮貝　一箱

右ハ御在陣中御機嫌伺として御兩卿ニ獻上且使者ニ　御對面之

興正寺御門跡使者

村山恰

一

右ハ御安否御尋之事

一御用之儀有之候間只今早々参上可被成候條　御命候事

柳――
橋――
雑――

正月十七日

備――
彦――
大――
佐――

御重臣中

右廻状出候處各承知之

一

御菓子　一箱

俵屋吉右衞門

右御機嫌伺獻上之

三井寺々内
延壽院ゟ
御使　外記

一
右ハ昨日俄被爲成候ニ付爲御挨拶金三百疋御菓子料被爲送候事

藤堂和泉守内
三田村政右衛門

一參上
右ハ過日ゟ重役共參上仕候哉御尋之處重役衆參上不申存候樣御答之

興正寺御門主使者

一
右ハ今夕門主被致參上候而も御勝手ハ宜候哉御伺之處御用向ニ候得ハ承候得共御勝手ニ御座候得ハ御斷申入候之御答之

阿州

一參上　武市小太郎

兼テ被　仰付置候大津口御警衛之儀當節淡路守忌中ニ罷在候得共只今迄之通人數差出御警衛仕候心得ニ御座候此段私共ゟ奉申上置候事

蜂須賀淡路守內
速水助右衛門

一參上　興正寺御門主使者
村山恰

右ハ近々御出張ニ付爲御見舞交肴料金七百疋御到來之處右金子御返し之事

一　長州藩
京詰重役ゟ

丹釀　一樽ツヽ

一　右　御兩卿江獻上之

大塚嘉右衛門

吉本（〃）

右之者明日ゟ御進發ニ付人足方被　仰付難有仕合奉存候右御禮申上度旨小頭共迄申置候由之

三井寺圓宗院使

一參上

土肥左司馬

右ハ過刻御兩卿樣ゟ之御使恐入候其節ハ御菓子頂戴仕難有御請參上仕候筈之所少所勞ニ而不取敢以使右御禮御請申上候事

一參上

石原清一郎

右ハ是迄通支配被　仰付冥加至極難有仕合奉存候右御禮申上候由之

目錄

一蕎麥　三百
御出陣被爲遊候ニ付　奉獻上候以上

問屋
上本長次郎
村田利兵衛
松田甚右衛門
長井金六

辰正月十八日

右獻上仕度御品物ハ明朝差上候由也

石原手代
三宅幸之助

一
右　御旗之義ニ付彼是心配仕候ニ付御菓子一箱　御兩卿ゟ被下候
之

一御用之義ニ付小林彈正　御本陣へ罷出ル壽性院死去之由申來ル

一依御召參上　井伊掃部頭内　三浦清記

右ハ掃部頭殿所勞ニ付歸國相願候處

禁中ゟ被聞召候由御達之

〇十八日

一　井伊掃部頭使者　高木鉉太郎

右御對面之

一肥後藩ゟ最早寅刻ニ相成候間札辻邊ニ而大炮發候而宜哉伺之處宜旨御答之

一同藩ゟ只今三發々候ニ付御屆申上候由之

一依御招參上　興正寺御門跡御使　村山恰

右御達書三通御渡幷今辰半刻　御兩卿御出陣ニ付於草津表御面會
被成候旨被仰入候之

一 御同所ゟ御使
右ハ今日御出張之處兩三日逗留被致猶於四日市御面會被申候由之

一 手島敬之助
同 厚之助
右兩人　御出陣御供被　仰付候事
但（參）三謀相達ス由之

一 參上 峰須賀淡路守内
長江播磨
右御對面之
井伊掃部頭內

一 同 三浦清記

今般掃部頭歸邑養生願之通被　仰付難有奉存候今十八日當地出立
歸邑仕候此段御屆申上候以上

井伊掃部頭內
三浦清記

一御兩卿御進發辰半刻
一鳥井川御小休
一柳原樣御家來藤木勘ヶ由於御小休所參謀方長州木梨精一郞馬ニ乘口輪
はづれ候由ニて御主人ゟ御咎爲迚土橋立合ニて御供をくれ草津驛江罷
越候樣追而御沙汰も被爲在候旨申渡ス翌日草津ゟ御暇被下歸京之
一草津御著陣午刻

藤堂和泉守家來
藤堂所左衞門
水沼久大夫

一

右ハ大津驛御本陣ニ參上可仕旨御沙汰之處最早御進發ニ付當御本陣ニ參上仕候由之段

肥後

八木田小右衛門

一右ハ御著陣恐悅申上ル

井伊掃部頭内

小西久馬右衛門

一右同斷且又御用等も被爲在候ハヽ被仰下度由之

本多主膳正家來

西川啓藏

一右ハ御用被爲在候ハヽ被仰下度由之

石原清一郎

一參上

右御著恐悅申上ル

一參上

大津宿問屋
上本長次郎
村田利兵衛
松田甚右衛門
長井金六

砂糖　一箱
右ハ御著恐悅申上候ニ付獻上之事

加藤能登守家來
用人
周白勘右衛門
同番頭
菅清太兵衛

一
右ハ御著恐悅幷御用被仰付候ニ付御請申上候由之

大津御本陣
大塚嘉右衛門

右ハ節分豆獻上ニ付金百疋御返し　御兩卿ゟ被下候也

十七日分

一　大津問屋中へ

右ハ過日三井寺ㇾ勢揃御出張ニ付勝栗一箱獻上ニ付爲御挨拶金千疋被下

但　御兩卿ゟ

同

一　三井寺
圓城寺ㇾ
御使

右ハ過日御菓子獻上ニ付　御兩卿ゟ金千疋被爲送候之

大津問屋中へ

一
金七百疋
右於も獻上ニ付御挨拶被下
谷大膳亮様御内
藤田直平

一
右ハ今般從
朝廷被爲　召候ニ付今晩守山宿ヘ著被致候様
少將様御出陣之趣被成御承知候ニ付御見舞被申入候由之
禁裏御代官
石原清一郎支配向
貫目改所出役
松本眞十郎

一參上
右相應之御用被爲在候ハヽ被仰付度由之

一
御菓子　獻上
草津御本陣
田中九藏

一
金百疋御返し被下
肥後藩
中島次兵衛
伊藤又右衛門
岡　又左衛門

一
右之面々御居間近相詰候之
興正寺御門跡〻

一
右返書被進候處
但多羅尾手代ゟ達ス

〇十九日

柳原様御猶子之由

長　命　寺

一参上

右御札献上之

御初穂金百疋

一草津驛御出陣卯半刻

一梅木御小休

一石部驛御晝休

加藤能登守使者

川　村　市　十　郎

一　少將様益御機嫌能被成御旅行奉恐悦候今日ゟ水口驛御通行ニ付相應之御用向等被爲在候ゟ可被仰下候此段以使者申上候

加藤能登守使者

川　村　市　十　郎

一　石部宿御本陣
　　　　小島金左衛門
右　御著恐悦申上候
昆布　獻上
金五十疋御返し被下
　　　　本多主膳正家來
一參上　　村田作平
右　御著恐悦且相應之御用被爲在候ハヽ被仰下度由之
一田川御小休
一　　　　加藤能登守殿入來
右御面會之
一橫田川ヘ出ル
　　　　加藤能登守家來

徒士目付
山本庄治
徒士
坂田俊平
辻　愼馬

一水口驛御著陣申刻

肥後藩
小篠彦左衛門
神足十郎助

一
右御著恐悦申上ル
御對面之

井伊掃部頭内
澤田機右衛門

一

一　右御著恐悦且相應御用被爲在候ハ被　仰下度由之

本多主膳正内

村松猪右衛門

一　右御著恐悦且外ニ人數書差出之處御落手之事

加藤能登守使者

番頭

高田彌治右衛門

一　鰹節　二連

右御著爲御歡御到來之

松平刑部大輔内

（欠マヽ）

一　右ハ　參謀出會之

因幡中將内

一參上
佐藤清左衛門
右ハ　御著恐悅申上ル

一同
加藤能登守家來
家老
加藤伊織
番頭
高田彌治右衛門
町奉行
關屋新

右ハ同斷

一
加藤能登守殿へ
御使
外記
右ハ過日御到來物御挨拶幷途中迄伺　天氣として上京之由ニて入

一
来御挨拶被　仰入候之
大塚嘉右衛門
吉本孫作
右　御著恐悦申上ル

〇廿日

一
多羅尾織之助
右ハ御用窺之事

一水口驛御出陣卯半刻
一同所ゟ大野之間途中ニて藤堂藩之由乗打參謀ゟ掛合之事
一大野御小休
一土山驛御晝休
土山御本陣

一
土山平重郎

御著恐悦申上ル

土山宿
問屋　　佐平治

一

年寄　三郎右衛門

同断

一猪ノ鼻御小休

一鈴鹿峠御小休野立

但シ亀山藩佐次善左衛門出迎

一坂下御著陣未半刻

一　　大塚嘉右衛門

吉本孫作

御著恐悦申上ル　坂ノ下御本陣
　若林嘉兵衛

一　錫　貳包

右兩卿ゟ獻上之　本多河内守家來
　小川幸右衛門

一　勅使御下向ニ付領分中
　御先拂　貳人
　掃除方　壹人
　汲川原村ゟ　代官壹人
　石藥師宿ゟ
　御本陣　使者用人

日永村　　　　　郡代壹人
追分江　　　　　代官壹人
日永村江　　　　給人壹人
右之通御座候以上
本多河内守家來
小川幸右衛門
因州
佐藤清左衛門
一參上
右御著恐悅申上候之
坂下御本陣
若林嘉兵衛
一
鰑　獻上
金五十疋御返し

右御兩卿ゟ
市橋下總守使者
吉田彦太夫

一參上

鰹節　一箱

鯣　拾把

氷砂糖　一箱

右ハ御出陣爲御機嫌伺御到來之事

○廿一日

一坂ノ下御出陣卯半刻

一關　御小休

石川宗十郎町奉行
柘植澄兵衞

一途中ニ出ル

關宿御本陣

一　献上御菓子　伊藤平兵衛
金五十疋御返し
右御両卿ゟ
一龜山　御畫休　石川宗十郎家老
名川六郎右衛門
一參上
右之御機嫌窺之
一大田村
地福寺　野立
一石薬師御著陣未半刻
一　多羅尾織之助
右御機嫌伺

井伊掃部頭内
小西久馬右衛門

一參上

右同斷

本多河内守使者
松　野　繁

一

今般爲
勅使御下向ニ付御旅中爲伺以使者申上候

一綾小路殿ゟ御使
科野東一郎

右ハ御用も御座候得ハ當所之問屋ニ控をり候間可被仰付候之

○廿二日

一今曉寅刻比
御殿ゟ御書到來之

一石藥師御出陣卯半刻

一宮ニ而御小休

一途中に出ル

本多河内守代官

竹内市太夫

本多河内守郡代

木村市兵衞

一追分御小休

多羅尾織之助

一四日市御著陣巳刻

一

右御對面之

彥根家老

河手主水

小野田五郎

一參陣

右御著恐悅申上

橋本實梁陣中日記（明治元年正月）

一　　　　　　　　　　　　大村藩
　　　　　　　　　　　　　　澁谷忠彌
一　　　　　　　　　　　　本多主膳正內
　　　　　　　　　　　　　　村松猪右衛門
一　　　　　　　　　　　　加藤能登守家老
　　　　　　　　　　　　　　加藤多門
　右同斷　　　　　　　　　尾藩
一參陣　　　　　　　　　　　中村修之進
　右ハ以肥後藩大津　御本陣ヘ參上可仕旨御達之處今日當驛ヘ御著
　ニ付參上仕候由之
一京都ヨリ御狀御差立之
一　　　　　　　　　　　　千鶴

御菓子　一箱
鯨少々
右獻上之
一禁中ゟ　御使　瀧川　杢
右　御兩卿に長谷三位殿ゟ御文御到來之處御返書被進候之
一千鶴ゟ御菓子獻上之
○廿三日
一急御用有之只今長官一人可罷出事
正月廿三日　參謀
大村藩　佐土原藩　彦根藩
水口藩　龜山藩　膳所藩
藤堂藩　備前藩
右被召候處各重臣中承知之書出ス

一御用之儀有之候只今早々可被罷出事

正月廿三日

因州藩

御重臣中

柳原殿

雑――

橋本殿

雑――

一參上

右ハ御機嫌伺之事

伊賀中將內

梶原左近

一參陣

龜山藩

萬之助御玄關前江出ル

同道　桑名萬之助

御両卿御玄關迄御出休（マヽ）　朝敵歎願之義ニ付書取以被仰渡候之

一　　　　　　　　　　　　　　　　　　　　　　　　　　　　　　　千鶴江

金三百疋

御菓子獻上御返被下

一桑名藩拾三人召捕因州藩小谷平太江相渡候尤被　仰付候通仕候間御安

心被爲遊候樣御申上可被下旨且御屆申上候由之

但シ案内石川宗十郎家來柴田利助

○廿四日

　　　　　　　　　　　　　　　　　　　　　尾張

一　　　　　　　　　　　　　　　　　　　　遠山彥四郎

御幕地

御酒　　貳樽

銘　大將　勝軍

右御陣中爲御見舞到來之

一參上　土州藩　利岡玄兵衛

右御對面之

一同　津藩　水沼久大夫

右同斷

○廿五日

一滋野井侍從殿
綾小路前侍從殿ゟ御使　荒木正一

右白木御狀箱御到來

一　肥後藩一同ゟ

御酒貳樽被下之

井伊掃部頭內
澤田機右衞門

一 右御機嫌伺且御用向等被爲在候ハヽ可被仰付候以上
雜掌面會之事

藤堂和泉守內
吉村長兵衞

津藩
水沼久大夫

一 右御對面之

本多主膳正內
後藤太郎右衞門

一 參陣
右御在陣中御機嫌伺之事

一 御酒壹樽
木梨精一郎

銘將軍
海江田武治
右兩人ゟ被下之
一三州勢州ゟ御使御差立之旨肥後藩ゟ被　仰渡候事
一兩掛　五荷
此人足五人
一桐油籠　壹荷
此人足壹人
一御籏　壹本
此人足壹人
一御幕持
幷御掛札共
此人足貳人
一長持　五棹

此人足拾三人
一沓籠　　貳荷
此人足貳人
一莚包　　貳荷
酒樽
此人足四人
〆廿八人
一御挑灯持
此人足八人
外ニ御用意人足
貳拾人
總〆五拾六人
右書付參謀木梨精一郎へ相渡ス

土州
今坂甘録

一　右只今著仕候此段御届申上候以上
御對面之

一滋野井侍従殿御使
右者只今桑名表ゟ著被致候ニ付御面會被申度被存候得共御面會之
義相叶候哉御尋之事

一禁中參與方江御使
右者御兩卿ゟ御文文庫被進候事

肥後藩
尾藩
遠山彦四郎

一參陣
右者御機嫌伺之事

○廿六日

一　　　　　　　　　　　　肥後藩ゟ申出ル

右ハ只今滋野井殿御使ヲ藤堂和泉守家來坂爲左衞門引連候同藩四人計有之由橋本殿江御用有之候由ニて致通行候相通候て宜哉伺候處無子細通候て宜旨御答之

肥後藩

一　　　　　　　　神足十郎助

滋野井殿之事

大垣ゟきつ（木曾）墨股之内江下り長島江暫立寄之上夕七ツ時分桑名ニ著舟之由

一龜山藩栁村ト申處ニ出張致候固所ニて滋野井殿ヲ押ヘ候ニ付夫ゟ川を隔て五六丁下手ニ安永村清雲寺ト申所ニ止宿ニ相成門左右ニ菊御紋高張ヲ立有之至而寺内も靜なる樣子ニ見受申候事

赤報隊御本陣
上下人數百七十八計
辨當百人計
問屋
繼人足八拾人計
途中ニおひて早追ニ行逢候ニ付何レの御藩歟ト相尋候處　橋本殿
御內ト相答候ニ付其儘差通申候事
右之通聞取書之由ニて差出ス
松室近江
一滋野井侍從殿御使
右ㇵ　御對面之
肥後藩物頭
一
八木田小右衛門ゟ申出ル
右ㇵ滋野井殿御內辻吉之進十六才位通行いたし候間相通候而宜哉

伺候處參謀方ゟ及示談候由之

一　多羅尾織之助

右御用伺　蜂須賀淡路守內

一參上　古和勝之進

右御陣中御機嫌伺之事

一滋野井殿ゟ御使　中山帶刀

右ハ增山對馬守願書壹通役所江之書狀壹通持參　御手許江上ル

一滋野井侍從殿　御出

但去ル七日滋野井殿綾小路殿脫走被成候由

右御面會之事

桑名在大夫村

一參陣　立坂神社
八幡宮
益田大明神　祠官　加藤源太夫

獻上　蛤拾壹臺

右委細之義ハ參謀木梨精一郎承知之由之此分御返し之

一滋野井殿重臣之由九人非道之金錢取立候由ニて肥後藩ゟ召捕人數名前等左ニ記ス
一滋野井殿附屬人數凡貳百人計
重臣之分

河北直一郎
山本太宰
小林雲遊齋
玉川熊彥
森城之助
大野幡之助
松岡主計

小笠原大和
赤城幸太郎

右之内五人肥後藩ゟ召捕於　御本陣縄掛参謀方聞糺之上因州藩に
引渡於御嶽川ニ落首由之
　但シ引渡前ニ膳部碗ニ飯高盛箸ツキサシ皿ニ香ノ物三切付有之
由之且又於御本陣玉川熊彦辭世之由

君か爲と於もひしものをなかれての世よにこり名を殘すかなしさ
眞彦

幽事《かくれこと》しらする神やしりまさん包か赤心《まこゝろ》の有やなしやを
眞彦

右二首詠ス由之

一滋野井殿申刻比御歸直様石薬師宿へ御引退之由御家來召捕之後殘御付
添之人數皆々分散之由風聞承ル虚實不分明之

但シ當驛ゟ侍從樣御警衛彦根藩御引上之由

○廿七日

一御便有御藥計來

一獻上　かき少々　千鶴ゟ

蜂須賀淡路守内

一　古和勝之進

右御對面之

一滋野井侍從殿御使

右ヘ御書御到來之處

一御殿ゟ御書御到來直御返書御差立之

一滋野井殿御家來昨夜殘人數今晩召捕不殘落首餘人數有之由

○廿八日

本多主膳正内

一參陣　　村松猪右衞門
右ハ今日御進發恐悅申上幷桑名萬次郎御預り之義委細承知仕候由
申上ル
一四日市宿御出陣辰半刻
一西富田　御小休
一東富田　御晝休
一滋野井殿ゟ御使來御文御到來之由之
一桑名驛御著陣申刻前
一御兩卿御出陣同刻
右ハ同所城御請取且角屋倉壹ヶ所御燒拂御見分として被爲成直御
歸陣之
內藤金一郎家來
一依御招參陣　　高木六郎

川西六右衛門
右ゟ參著御届申上候由也
一　肥後藩物頭番
下津縫殿
長谷伊兵衛
小篠彦左衛門
八木田小右衛門
神足十郎助
後藤多兵衛
右今日首尾能城御請取被遊恐悅申上ル且面々ニ御對面之

○廿九日　雨

一御殿ゟ御書御到來之
但宿次ニて來ル

一 配符

一宿駕籠　貳挺

入夜之節

挑燈持　壹人

右就御用東海道筋　鎮撫使御本陣迄下向候間於宿々人足無滯差出可

申者也

禁裏御內

五十川右京大進內

奥　村　光　藏㊞

正月廿七日

東海道筋

宿々

問　屋　役　人　中

右到來之事

自今大原殿ト號由
一綾小路前侍從殿　御出
　御面會之
　　鴨　　　　一番
　勝栗　　　　一備
尾張
　銘酒　　　三德利
右御出ニ付御到來也

一參陣　　　　　　　　　　　　　　井伊掃部頭内
　　　　　　　　　　　　　　　　　　　高木鉉太郎
　右御機嫌伺幷御用等伺之事

一　　　　　　　　　　　　　　　　加藤能登守使者
　　　　　　　　　　　　　　　　　　　池田堤
　右御機嫌伺且　御對面之

一

右御用伺之事

多羅尾織之助

一禁中ゟ御使

五十川左京大進

右ハ御書御到來之處（マヽ）

尾州殿使

一

新野久太夫

杉折重

右ハ御在陣中御見舞として御到來之處從

朝廷御沙汰之筋も被爲在候事故御斷被仰入候之

尾州殿使

一

中村周之進

右ハ只今綾小路殿御人數荷物等繼立候ニ而宜哉伺之處無子細繼立候

ニ而宜旨御答幷過刻使ヲ以差上候品何卒御受納被成下度別段賄賂と

申義ニハ決而無御座隣國江被爲成候ニ付差上候義ニ御座候何卒此度之處ハ御受納ニ相成候樣願度由之處押而御斷ニて仰入候事

因幡中將内
大田繁之助

一 右ハ隊長として當（到）著仕候ニ付御屆申上候且又相應御用被爲在候ハヽ被　仰下度由之

同
山岡上野

一 右ハ昨日桑城御請取ニ付恐悦申上候且家中一同江申聞候此段申上候由之

稻（葉）波道次郎

一 右ハ今度依願御暇被下候ニ付明朔日出立先觸出ス但源助付添返ス
先觸

一宿駕籠　　　　壹挺

此人足貳人

外ニ用意

宿駕籠　　壹挺

右ハ當御内稲波(葉)道次郎御用ニ付明朔日當地發足歸京候間書面之人足宿々無滯可被繼立候

辰

正月廿九日

橋本殿雜掌

伊藤左近㊞

桑名ゟ

大津迄

宿々

問屋役人中

一大原殿内

右ハ附屬兵隊不殘當宿寺内江著仕候此段御屆申上候由之且又印鑑

藤村出羽太郎

出左之通

大原前侍從殿
赤報隊
印鑑
□

右印鑑肥後藩ヽ相渡ス

一和宮樣上﨟　おぬち殿ゟ御文箱御到來之處御返事被進候之

參謀旅宿ヽ

一御使

左近

海江田武治へ面會

右ハ　和宮樣上﨟　おぬち殿御面會被成度由ニ候得共御陣中之義ニ付御決兼被遊候間如何被遊候而宜哉內々御相談之處御面會被遊候而關東之事委ク御尋且又　京都之事御咄被遊候而宜旨御答申上ル

○二月朔日
一大原前侍從殿　御出
　右御面會之
　　　　　　　　本多美濃守內
一　　　　　　　　　林　主　水
　右ハ御請書貳通差出候處御落手之事
　　　　　　　　靜寬院宮樣附添番
一參陣　　　　　　阿久澤藏之助
　右ハ只今おふち殿當驛ニ被致著候此段御屆申上候由之
　　但御旅宿光德寺へ設置候由申述候之
一御出門　御供
　右ハおふち殿御旅宿ニ被爲成直　御歸之

但御歸之節おふち殿爲迪江御面會之事

静寛院宮御附
林　光次郎

一依御招參陣
右ニ附添人數書差出候樣被仰渡候處左之通書付出ス
おふち殿御初
女中四人
番之頭
樋口登太郎
間宮鐵次郎
添番
阿久澤藏之助
武見易太郎
掛川新之丞

伊賀者
仙田九八郎
林　光太郎
遠藤孫十郎
岡田鎗藏
御小人
五　　人
御下男
八　　人
外ニ通し人足
百廿五人
又供
刀指貳人

中間　四人

右

覺

上下

一女中　四人

一士分　九人

一刀指　十五人

一中間　四人

一下部　百廿五人

合百五十七人

右ゟ江戸

靜寬院宮樣爲

御使お藤殿上京被差添候人數也所々固場所無滯通行可被取計事

東海道鎮撫總督府
橋本殿雜掌
伊藤左近㊞

桑名ゟ
京都迄
御固場所
各役人中

辰二月二日

右書付被進候事

一おふち殿ゟ過刻被爲
成候節御服紗包御到來
御歸陣後御返事被進候處猶又御返事御到來之

○二日

菅沼左近將監內

一依御招參陣
三浦甚五兵衛

同　今泉剛太郎
尾州　中村（修）周之進

一參陣
右御對面之

一多羅尾織之助ゟ手前始柳原樣御內土橋始ゟ
時雨蛤　一箱
右到來之

一駿州田中本多紀伊守ゟ大急御用ニ付御使御差立候間可致用意旨肥後藩へ被
仰渡候處承知之事

一參陣　多羅尾織之助
右御機嫌伺且御用も伺之事

本多主膳正内
羽賀記
同家來
河合次郎
井伊掃部頭内
高木鉉太郎

一參陣

右御對面之

一同

右御機嫌伺且今日ゟ
職人町田島屋彌兵衞方ニ旅宿仕候此段御屆申上候

昨朔日附落

一忍藩十九人著舟ニ付通行爲致候て宜哉肥後藩ゟ伺出候處重臣之者
壹人御本陣ㇸ可罷出旨被
仰渡候之

今朝

一參陣

忍家老　加藤大炊

留主居　佐藤江場之助

同　牧勝兵衛

右ゟ家老壹人參謀ニ面會之由之

覺

一人足　廿人

一本馬　四疋

一輕尻　壹疋

一兩掛　壹荷

一長持　壹棹
右之通
右書付之通忍荷物之由通行爲致候て宜哉肥後藩ゟ伺出候處無子細
相通し候て宜旨御答之
津藩
一
右ニ御機嫌伺之事　水沼久太夫
一諸藩印鑑分配致候ニ付
少將樣御手元ニ印章有之候間御下渡ニ相成候樣御取計奉願候頓首
二日
尙々奉書之卷紙一帖此亦御渡方奉願候
伊（藤）――樣　木梨精一郎

右紙面到來御手元ゟ申出半切ニ書記方ゟ取寄相應返書遣ス

松平縫殿家來
海保浪吉
伊豫田部介

一依御招參陣

右ハ參謀旅宿可出旨御沙汰之

○三日

遠江國長上郡

一參陣　桑原眞清

右ハ參謀面會之事

一遠州駿州豆州等ヘ御使御差立御座候由肥後藩ヘ被　仰渡候事

一禁中ゟ　御使茨木左兵衛尉

右ハ御封狀箱御到來之處（マヽ）

駿州小島

一 松平丹後守

一 駿州沼津 水野出羽守

一 交代寄合旗本 同國久能 榊原越中守

一 同上 遠州氣賀 近藤縫之助

一 右 遠州中泉 陣屋 大竹庫三郎

一　駿州府中
　　陣屋　田上寛藏
一　豆州韮山
　　陣屋　江川太郎左衛門
　　　右代官三人
　右之ケ所ゟ召狀被遣尤御使肥後藩相勤候事
一参陣　多羅尾織之助
　右ニ御機嫌伺御用も伺之事
一　井伊掃部頭内
　　澤田機右衛門
　右ニ御機嫌御用等伺之事

一明辰刻

御両卿御出馬之旨被

仰出候事

○四日

一御両卿御出馬辰刻

右者城中御再見幷於城中ニ調練御覧午刻過御歸陣之事

井伊掃部頭内

一 高木鉉太郎

右者御出馬ニ付御機嫌伺幷御用等伺之

一 多羅尾織之助

右者御出馬ニ付御用伺幷御供被　仰付難有御禮中上候由之

一岩倉殿内使 高橋眞作

岩日地敬吉

一
右ゝ調練拝見願度旨尾州藩中川周（村修）之進ヲ以相願候事
津藩　河野角藏

一
右ゝ同斷
土州藩　黒岩治部之助

一三條殿　御使
右ゝ御對面之
高橋眞作

一岩倉殿　内使
右ゝ御對面之
岩日地敬（吉）助

井伊掃部頭内
高木鉉太郎

一
右ゝ調練無御滞被為濟恐悦申上并御用伺之事

一　　　　　　　　　　　　　　多羅尾織之助
一　右同斷　　　　　　　　　　海江田武治ゟ
　　　蚫　　壹籠
　　　玉子　壹籠
　　　　内ニ長芋入
　右獻上仕度由紙面ニて申來ル
一御用物御書等并上治兵衛持參著
　但母　小林ゟ紙面來ル　但治兵衛今明日止宿ニ
　　　　　　　　　　　　　池田備前家内
一參陣　　　　　　　　　　　花房七太夫
　右調練拜見被　仰付難有右御禮申上候事
○五日

一參陣　尾藩　小笠原三郎右衞門
右ハ御本陣取締被仰付候處今旦野部勘兵衞ト交代仕候間
御兩卿樣ゟ御機嫌伺ニ參上之事

一參陣　尾州　中（村修）川周之進
同　寺西圖書
右御對面
但シ周（修）之進上京ニ付無程當地出立御暇乞として參上爲替圖書當
地ニ相詰候間御用之節ハ同人ゟ被
仰付度由之

一甲府ゟ御使御差立ニ候由肥後藩ゟ被

仰渡候事

一四日市宿昨夕出火之由風聞承ル

井伊掃部頭内

一參陣

澤田機右衛門

右ハ御機嫌等伺之事

一

手島敬之助

右ハ十日計御暇願ニ付明日出立

先觸

覺

手島敬之助

井上治兵衛

右ハ急御用有之今六日當地出立ニて歸京ニ付

宿駕籠　貳挺

此人足四人

右之通無滯繼立可給候事

辰二月六日

橋本少將殿家來

伊藤左近㊞

桑名宿ゟ大津宿迄宿々

問屋役人中

○六日

一 手島敬之助

井上治兵衛

右ハ今朝出立之

一去ル朔日

禁中ゟ御差立御返書肥後藩持歸候事

一參上 黑岩治部之助

右御對面之

一谷出羽入道殿御使　　福田庄兵衛

右ハ今般御歸國被成候ニ付江戸表御出立ニて今日當驛御通行被成候右ニ付

御在陣中御見舞被仰進候由之

松平和泉守内

一參上　　杉崎角左衛門

今井圖書

右參謀面會之事

一片桐主膳正今般上京ニ付當驛通行候間相通候而宜哉伺

但人數書出ス　御手元ゟ上ル

三州八名郡

一　大伴大明神社司

右御對面之

加藤監物

一

多羅尾織之助

右御用伺日々之事故餘ハ略ス

一依御招參上

片桐主膳正内

大河原大藏

同　彌之助

右參謀ゟ及御答候之

一參陣

井伊掃部頭内

高木鉉太郎

右者御機嫌伺幷御用伺之事

一依御招ニ參陣

因州藩

佐藤清左衛門

右ハ御對面并切紙ニ而御達之事

一同　佐土原藩

右同斷　谷山藤之丞

一同　大村藩

右同斷　永岡次三郎

一同　彦根藩

右同斷　日下部内記

一同　藤堂藩

右同斷　吉田六左衛門

一同　　　　　　　　吉田藩
　右同斷　　　　　　　　關口參藏
一　杉折重　　壹重
　上壹重組肴下壽し
　御酒　　壹樽
　右ハ御兩卿ゟ參謀兩人ニ被下
一京都ゟ源助　御書持歸候之　　　尾州藩
一參陣　　　　　　　　　　　　　　鈴木傳藏
　右ハ左之通書付持參　　　　桑名家中
　　　　　　　　　　　　　　　日下部武右衛門

大塚百兵衛

右兩人登り只今早束(速)佐屋驛通行ニ付何レゟ發途之譯可通爲相尋候處

朝命之趣主人江爲可達江戸表江立歸相越去ル朔日彼地出立登行之於途中領内御家江御預り相成官軍方御滯留之趣ハ粗承知罷在候得共一體之事件具ニ不相辨尤今度歸桑其筋江申出御處置相伺候心得之旨申之由右之子細も無之歟候得共手放通行も如何ニ付同心ニ守衛差出申候間何レ江歟御引渡方等宜御取計御座候樣致度如斯御座候以上

二月六日　上田喜兵衛

桑名屋御出張

御目付衆樣

右之通ニ付相伺候處今日所ハ尾州藩江預り置候樣被仰渡候事

○七日

一　右ハ御機嫌御用等伺并今日川向壽萬山ニ而調練仕度候此段御届申上候由之

井伊掃部頭内
高木鉉太郎

覺

秋月右京亮様

右ハ昨六日佐屋御泊今七日當所御通行ニ御座候尤宿繼人足廿九人
繼馬四疋惣人數百八十六人
右之通御座候間此段御届申上候

當宿
御本陣
二月七日　大塚與六郎

右書付差出ス

一先達御出張之節ゟ戸田大和守ゟ御借用別當市五郎今度御馬宿若狹や伊助ニ相賴ミ增飼馬抔申立候由過分之書付相賴小頭共ニ差出候ニ付段々取調候處全虛言ニ御座候由ニて左之通斷書差出ス

乍恐以書付御詫奉申上候

一今般御兩卿樣御馬宿被仰付御太切ニ御宿仕候處折節御不都合之書付差上申候段蒙御察當一言之申譯無御座何共奉恐入候此度之儀ハ出格之思召ヲ以御內濟ニ御聞濟被成下候樣偏ニ奉願上候何卒以寬大之思召御內濟被成下候ハヽ廣太之御仁惠与冥加至極難有仕合奉存候以上

御馬宿
若さや伊助㊞

辰二月

問屋代

平瀬九郎八㊞
御本陣
丹羽善九右衛門㊞
右出ス
官軍赤報隊
西川亘
一参陣
右ハ参謀面會之
秋月右京亮内
財津十太郎
一右ハ御両卿ニ右京亮ゟ御機嫌伺度且又内々伺度義御座候間参上
仕候而宜哉伺度由之處何時成入來御座候樣御答之
一秋月右京亮入來
右御面會之

一　石川宗十郎使者
近藤百助
名川力輔

勝魚　貳箱

金　二千疋ツヽ

右ハ今般桑城無御滯御受取御歡且御在陣中見舞として

御兩卿ヘ御到來也

一御兩卿御近習ゟ金拾兩ツヽ拜借下部共ゟ以小頭小遣少々拜借願度旨兩三日前ゟ歎願候ニ付此義　相伺候處御勘考も被爲在候趣且參謀家來壹ケ月何程爲遣哉內々問合候樣被　仰付候ニ付海江田武治ヘ爲迪土橋對馬守兩人ゟ問合候處家來ヘハ壹ケ月何程とも相極メ遣不申併何等之邊ニて御問合御座候哉之旨ニ付實ハ御家來ゟ少々拜借願度由ニ候得共御出張ニ付而ハ何程被下候而宜哉先規等も無之故大ニ心配いたし候事

故御問合申候由申述候處左候ハヽ御雜掌御始下々ニ到迄御役割御人數書始差出被下度由此旨爲迪ゟ　申上候處家來參謀之世話ニ相成候義ハ不相成併柳原殿ニハ如何共於當家ハ左樣之義決て不相成旨御沙汰ニ付海江田ヘ面會ニて人數書差出候義申上候處決て相不成由ニて大ニ蒙御叱ヲ候間人數書差出不申候由申述置候處猶又土橋ヘ海江田面會ニて無何ト御人數書御差出被下度由ニ付土橋ゟ右樣之義申上候處夫ニて宜旨御沙汰ニ付左之通人數書出ス此義ニ付蒙御叱ヲ太心配候事

切紙ニて

橋本殿雜掌

伊藤左近

近習

中澤外記

小林主税

岡本帯刀
手島敬之助
手島厚之助
柳原殿雜掌
土橋對馬守
近習
高田筑前介
長瀬牧太
駒井肇
津田（マヽ）
橋
小頭
山田源兵衞

柳
同
中村徳藏
河合常次郎
橋
小頭
盛源助
橋
御別當
豊吉
市五郎
柳
同

橋
御手廻り
喜助
宗七
佐吉
卯之介
柳
同
茂吉
宇之助
萬吉
小頭以下
〆拾三人

海江田武治
木梨精一郎

一　右兩人ゟ紙面到來左之通
只今御兩人之內一寸乍御苦勞御光來奉賴候以上
二月七日
〆
伊藤左近樣
土橋對馬守樣
兩參謀

一　右紙面到來ニ付同人旅宿ヘ爲迪罷越候處左之通金子書付受取候之
一金八拾六兩
外ニ書付壹通
御雜掌
兩人

右金拾兩ツヽ
御近習　九人
右金五兩ツヽ
小頭　四人
右金三兩ツヽ
御別當
御手廻り　九人
右金壹兩ツヽ
〆金八拾六兩
右金子書付受取候得共過刻申入候通蒙御叱ヲ候義故猶又申上候後

落手書差出可申猶段々御心配之段忝存候由申述置候尤落手書左之
通以小頭ヲ遣ス
但此義早速
申上候處先落手書可遣置由猶明日御噺合之上可取計旨御沙汰之
事

覺

一金八拾六兩之
右之通致落手候以上

辰二月七日

柳原殿家
土橋對馬守

橋本殿家
伊藤左近

海江田武治殿

木梨精一郎殿

右落手書遣候處落手之事

〇八日　晴風

肥後藩
下津縫殿組
吉津丈太郎
同　辰藏
中島新太郎
片山小源治
井上傳喜
草刈萬藏
木下小吉郎
本原龜雄

續　直彦
伊藤十之允
高橋武雄
澤村八之進組
古賀秀之助
八木又雄
井伊掃部頭內
高木鉉太郎

右ゟ昨夕著仕候此段御屆申上候由之

一
右御機嫌御用等伺之事

一手島敬之助水口驛ゟ差立候書狀到來之事
但同驛亥刻差立今酉刻過到來之

一昨夜參謀ゟ請取候金子夫々被相渡候事

一手前ゟ
金拾兩頂戴候事
一御輿皆具御もとふ御煙草盆惣而御入用之品々多羅尾ゟ被仰付候樣可被成旨參謀海江田武治ゟ達ニ付多羅尾手代芝山繁藏ゟ面會ニて相達候事
一禁中ゟ御使　德岡刑部
右ハ御封狀御到來之處御返事被進候事
○九日
一急御用ニ付早追ニて源兵衞京都迄御差立其節戸田ゟ借用別當不埒之筋有之一緒ニ差返ス且
柳原樣小頭中村德同樣急御用ニ付源兵衞同道ニて差立之
先觸覺
山田源兵衞
中村德藏

家來壹人

右ハ火急御用有之早追ニて今九日當地出立歸京候ニ付

宿駕籠　三挺

此人足　九人

右之通無滯繼立可給候事

辰二月九日巳半刻出ス

柳原殿家

土橋主計印

橋本家殿

伊藤左近印

桑名宿ゟ

大津宿迄

宿々

問屋役人中

此先觸大津宿ニて本人ゟ可相渡候事

右先觸出ス

橋本少將殿へ

細川右京大夫より

彌御安全被成御在陣珍重奉存候乍然春寒之砌別而御苦勞之儀察存候然ハ拙者義今度東海道先鋒被

仰付候ニ付家來清水數馬ト申候者爲隊長人數出張申付最前差立置候家來共御交替致させ候間宜御指揮可被下候此段御營中御見舞申入候

右書付細川藩ゟ差上候事

一

織田筑前守使者

森　敬造

右ハ先月廿七日江戸表出立今九日當城下通行仕候此段御屆申上候由且御機嫌伺　但シ供方人數書左之通

覺

一惣人數　九拾壹人

内

侍分　三拾貳人

足輕　拾貳人

小者　五人

又者　拾貳人

通日雇　三拾人

右之通ニ御座候以上

織田筑前守内

二月九日　森　敬造

右書付今日通行ニ付差出候事

一昨夜多羅尾手代ゟ申入候御輿之義職人ゟ御直ニ被仰付被下度由ニ付職

人ハ直ニ御輿皆具來十五日迄ニ可納旨申付候事
一今御晝御飯之節御平ニ竹の子上ル其節御毒見として手前ニも付
池田備前守內
一　平川源之丞
右ハ明日
御出馬ニ付御留主中御警衛被　仰付御請申候事
一肥後藩ゟ書付出ス左之通
仙石鋭雄
同　人室
家老
荒木賴母
上下拾人
用人

金澤次太夫

上下七人

頭取

中村九左衞門

佐久間正之丞

上下八人

侍貳拾六人

醫師貳人

徒士拾人

小頭足輕拾人

中間小者七拾人

〆百四拾三人

外ニ召仕女四人

惣人數〆
百四拾七人
右ハ今般在所但馬國仙石表ニ鋭雄幷同人妻召連歸國仕候依之召連
候家來人數書以使者御屆申上候以上
仙石讃岐守家來
鈴木助右衛門印
二月九日
中澤外記事

一
右ハ名古屋邊ニ御賣（買カ）物能越ス

○十日　曇り巳刻比ゟ雨

一御兩卿御出馬辰刻前
右ハ城内ニて鐵炮稽古御覽之事

一御留主中備前藩人數御警衛申上候事
津藩

一參陣　森　直吉

同　梶原主計

島川八十之助

大井熊次郎

桑名藤次郎

右之面々今日鐵砲稽古拜見被仰付難有然ル處雨天ニ相成御延引重而被爲在候ハヽ拜見願度由申上候事

一參謀ゟ上下御人數書御差出被下度由ニ付左通書付出ス

切紙ニて

橋本殿人數

雜掌壹人

近習五人

小頭貳人
別當貳人
手廻り貳人
右
一賀州藩櫻井茂兵衛ト申人御前ニて御酒被下候後御例ニ而狂言之由前色々有レとも略スツヽマリのところ鶴ハ千年龜ハ萬年とんぶうさまハ九千歳ト申落シニてをもしろき事ニて一同打笑候事
但シ最初ハ鶴をさす心持と相見候之
〇十一日　晴少々風
一　　　　　　土州
　今坂甘錄
右ハ急用有之昨日當地ゟ著今日出立仕候ニ付參上仕候ニ付

御對面被遊候事

尾州藩中
市邊勘兵衛

一
右御對面之
一明後十三日當地
御進發ニて名古屋ゟ被爲成候由多羅尾手代加藤ゟ承左之通人足中立候
事

一御裝束櫃　一
此人足　四人
一同　御臺
此人足　壹人
一挑灯籠　一荷
此人足　壹人

右

一京都ゟ宿次ニて御狀箱壹ツ來宿送狀左之通

宿送

此油紙包壹ツ從

京都東海道鎭撫使橋本少將殿柳原侍從殿陣所ヘ無滯可相屆もの也

慶應四年二月

太政官代

右宿々中

尾藩

一

尾關勇吉ゟ

右ハ

御兩卿樣御荷物書付ニて御差出被下度旨申出候ニ付左之通出ス

橋本殿

一御装束櫃
一同　御臺
一長持　壹棹
一竹長持　貳棹
一兩掛　貳荷
一沓籠　壹荷
一提灯籠　壹荷
一御籏　壹本
一御幕
御兩卿之分
一兩掛　壹荷
但書記方分
右

柳原殿
一御裝束櫃
一同　御臺
一長持　貳棹
一兩掛　貳荷
一目籠　壹荷
一沓籠　壹荷
一挑灯籠　壹荷
右
尾藩
一
岡田牛之丞
右御對面之
一御兩卿ゟ過日御輿壹挺ツヽ被

仰付候處乘物之伊八ゟ金五十兩先借願度由多羅尾織之助手代藤尾乘平ゟ申出候ニ付參謀海江田武治へ及示談候處承知之事
一參謀ゟ招ニ付爲迪罷越候處過刻被仰聞候乘物之伊八ゟ先借相願候金子五十兩御渡し申候由ニ付則金五十兩受取歸直落手遣候事
一多羅尾手代藤尾乘平相招乘物之伊八ゟ先借相願候ニ付則金五十兩相渡宜取計候樣申入候
一兩參謀ゟ紙面到來　今坂甘録へ
右ハ骨折料として金五十兩拜領被仰付候ニ付參陣仕候間宜御披露可被下旨紙面到來相應返書遣ス
一　今坂甘録
右ハ過刻拜領物御禮申上ル
御對面之
○十二日　曇

一熱田宿御本陣森田金右衛門ゟ左之通書付出ス

御由緒書

文久二年戌二月廿五日

橋本宰相中將樣御歸京御泊

御供

初田織部樣

廣瀨刑部樣

金田　勇樣

右ㇵ

和宮樣御供奉御歸京之節私宅ニて

御旅館相勤申候何卒今般も不相替私宅ㇵ

御旅館被爲　仰付被下置候樣偏ニ奉願上候以上

熱田宿

慶應四年　　　　　御本陣
辰二月　　　　　　　森田金右衛門印
御道中方
御役人御衆中様

右書付壹通外ニ繪圖面壹通差上候て相願候御承知然なから名古屋ゟ被爲
成候事故雨天且ハ風等有之候節ハ佐屋ゟ御廻リ被爲　遊候左候ハヽ御小休ニも相成不申候間此段兼而申聞置候事
但此書付之通多羅尾織之助手代加藤豪平申入候處承知之事
一過日以來少々御不快ニ被爲在候ニ付肥後藩醫師內藤泰吉相伺居候ニ付
御肴料
金五百疋
御藥料

金四百疋　御薬八十帖代
但御丸薬御散薬色々有之

右之通被遣候難有猶参
上御禮可申上候由之　但シ御使岡本帶刀勤ム

一過日源兵衛京都江御返之節別當壹人御暇被下御差返ニ付差當リ明(日脱カ)御差支ニ付肥後藩神足十郎助江別當壹人借用致度由申入候處承知之事

本多主膳正内
羽賀記

一依御招參陣

同
河合次郎

右ハ内國事務局ゟ御達書御渡之事
但領分江も早々被相觸候様御達之

一昨夜乗物師伊八ゟ前借願之通金子五十兩多羅尾手代藤尾乗平江相渡候處左之通請取書出ス

覺

一金五十兩之

右ハ御總督樣御乘物新規仕立被仰付候處品々手支候義も御座候ニ付前借之義奉願上候處前書之通御下渡被成下憸ニ奉請取候依之御請申上候以上

乘物師　伊八印

二月十一日

桑名宿　年寄　九郎印

多羅尾樣

御役所

一參陣　内藤泰吉

一　右ハ過刻御目六被遣候ニ付御禮申上ル
中澤外記事

一　右ハ名古屋ゟ今午刻比
御本陣ヘ罷歸候之
因州中將內
佐藤清左衛門

一
御酒　壹樽
鷄卵　壹箱
以上
因州中將內
佐藤清左衛門

一　右獻上仕度由之處御返却之事
大塚嘉右衛門

をへると云敷物　壹枚
右獻上之事
増山對馬守使者
吉見賴母
一
氷砂糖　一折
以上
増山對馬守
正修
右目六之通御到來之
藤堂藩
水沼久太夫
梶原左近
一
右御對面之

一多羅尾手代ゟ書付出ス
但シ明日御出陣ニ付
覺
壹番船
御座船
御兩卿
橋本殿雜掌以下六人
柳原殿同斷　五人
御書記方　兩人
御旗八本
御旗番肥後藩貳人
御兩家之内小頭壹人
〆拾六人

貳番船
参謀方上下八人
兩掛　貳荷
酒樽　壹荷
御用聞御賄方上下貳人
三番船
長持　貳棹
兩掛　貳荷
小頭　壹人
加州藩　七人
但加州藩ハ
柳原樣御警衛之
四番船

長持　貳棹
両掛　貳荷
（桐）
洞油籠　壹荷
橋本殿中間貳人
五番船
長持　壹棹
両掛　壹荷
御簱棹　壹本
柳原殿中間三人
六番船
御馬　貳疋
御口付とも
沓籠　貳荷

七番船

參謀方馬貳疋

口付とも

右之通ニ御座候以上

辰二月　御賄方

乗物師

伊八ゟ書付出ス左之通

一

差上申御請書之事

一金百八拾兩

右ハ

御總督樣御乗物貳挺別紙仕樣帳之通相仕立金貳百貳拾四兩之處御吟味ニ付相減殘金百八拾兩を以御用被仰付候處仕樣帳之通麁末之儀無之樣精々入念相仕立來ル十六日名古屋

御旅館迄持參可相納旨被仰渡承知奉畏候依之御請書差上申候以上

乘物師

伊　八印

慶應四辰年

二月十二日

年寄

九郎八印

上

知恩院宮御内

林　左衛門

一參陣

右ㇵ心覺而已之書付出ス

常陸國新治郡

志筑

交代寄合
本堂内膳家來
高八千石餘
柳ノ間席
横手彦四郎

右ハ本堂内膳義
官軍御用相勤度旨林左衞門ヲ以相願候處先以參謀ニ相談可然之御沙汰之事
但翌十三日朝參上ニて願書差上候之

一乘物師伊八ゟ今金百兩拜借願度由ニ付土橋參謀旅宿へ罷越及示談候處則金百兩受取歸多羅尾手代藤尾乘平へ相渡候事

一多羅尾手代藤尾乘平ゟ左之通書付出ス

覺

一金百兩之

右ハ御總督樣御乘物仕立御用被仰付候處品々手支候義も御座候ニ

付前借之義奉願上候處前書之通御下渡被成下慥ニ奉受取候依之御

請申上候以上

辰

二月十二日

乗物師

伊　八印

桑名

年寄

九郎八印

多羅尾様

御役所

○十三日　晴申刻過ゟ雨

一桑名驛御出陣卯半刻

一同所御乗船同刻

但御船中ニて御辨當御用ヒ之

一宮驛御著船午半刻御小休
御陣所西本願寺掛所
一名古屋御著陣申刻前
一　　　　　　　　　　　　　　尾張大納言殿使者
　　　　　　　　　　　　　　　　　大津武五郎
右ゟ御著御歡被申入候由且又
御著ニ付今夕計御料理被進候由之處
御對面ニて相應御答之
　　　　　　　　　　　　　　本坊輪番
　　　　　　　　　　　　餘間　圓光寺
一參陣　　　　　　　　　右寺上京中ニ付
　　　　　　　　　　　　　代眞宗寺飛擔
右御著恐悦申上ル
　　　　　　　　　　　　島津淡路守家來

一　澁谷左中

一　大村丹後守內
　　渡邊清左衞門

一　池田備前守內
　　平川源之丞

一　右御著恐悅申上ル
　　尾州家老
　　佐藤彌平治

一　御對面之
　　尾張大納言殿使者
　　大津武五郎

覺

一　鯛　一折

酒　一樽

以上

右御著爲御歡御到來之

但雜掌中ヘ重組酒壹樽壹斗

御近習中同樣書記中同樣到來之

一　尾州町奉行吟味役

高田意六

一　同

加藤多十郎

右ゝ仁重詰申來候由之

一　尾州目付

大津武五郎

徒目付組頭

徒目附　長坂三十郎
佐藤九郎三郎
中川邦太郎

右之面々御本陣ゟ相詰候筈之処御混雑ニ付七ツ寺境内ニ罷在候間御用被爲在候ハヽ何時ニ而も被　仰下度由之

○十四日　曇

尾州
徒目附　長坂三十郎

一　右ハ大納言殿無程參上被致候由申來ル

三河國碧海郡
長瀬神社神主

一　板倉信太郎
參州額田郡
山中八幡宮神主
竹尾東一郎
參河國加茂郡
猿投神社神主
三宅國之輔
三河國野田八幡宮
神主
榊原大和
右御機嫌伺之事
一尾張大納言殿ゟ今朝御料理被進度由申來候旨藤尾乘平申述候ニ付此義
申上候處御承知之事

一尾張大納言殿　御出
右ニ付御面會之事
　　尾州
　　參與掛り
田中國之輔
一
右御對面之
一京都ゟ御書御差立御使肥後藩ゟ被仰付候之
但内國事務局之宛之
松平丹後守家來
伊藤甲藏
一參陣
右届書出ス左ニ
今般御用之義御座候段御達ニ付只今參著仕候
松平丹後守家來
重役　伊藤均平

同副使　伊藤甲藏

右

一東本願寺御門主御使　宇野弘

御肴　一折

御酒　一樽

右ハ昨日御著爲御歡御到來之處依御時節御返却之事

因州

太田繁之助

松本藤之助

一

右ハ昨日御著恐悦申上ル

井上河内守家老

伏谷又左衛門

年寄

右同斷　　　　　　　　　　　　　　多川善右衛門

一御兩卿ゟ

尾張大納言殿ニ御使　　　　　　　中澤外記

但名古屋城ニ勤ム　　　　　　　　長瀬牧太

手控

前刻ハ營中へ態々預御來尋忝被存候右御挨拶使ヲ以被申入候以上

二月十四日

春寒砌彌御安意珍重之至被存候然ハ此度當地ニ移營ニ付而ハ彼是御配慮殊ニ種々御光惠御懇情不淺忝被存候右不取敢御挨拶以使ヲ被申入候以上

橋本少將殿使

二月十四日　　　　　　　　中澤外記

右柳原様も御同文ニ而御使勤ム

取次　山田多門

一尚御陣所表門裏門等之錠鍵當所惣年寄ゟ大塚嘉右衛門受取猶又御役所ニ御預リ被下度由ニ付爲迪受取右之趣土橋ニも相達置候事

〇十五日　曇

一今暁丑刻

御歌書ゑんす　御書等源兵衛持歸り候之

但柳原様小頭同道之

一昨日京都ニ御書御差立御使肥後藩勤ム

松平丹後守様御使者

伊藤甲藏

一　進上

御煎茶　一箱

松平丹後守

手控

春寒之砌御座候得共益御機嫌克被成御座珍重御儀思召候且又御陣中爲御見舞御煎茶一箱被爲進之候右御見舞以使者被仰進候

駿州小島
松平丹後守内
伊藤均平

一
右御機嫌伺之事

一役所ゟ文到來且小林ゟもおきぬゟ文并爲迪中澤兩人ゟおらまめ到來之

但此文源兵衞持歸之

一鐵炮十一挺

右　御兩家ゟ請取但御兩家ゟ請取書遣ス

松平丹後守内

伊藤甲藏

右ハ御機嫌伺之事

一禁中ゟ　御使　長井奉膳

右ハ御書御到來之處（マヽ）

一去十三日出立ニて手島敬之助事（マヽ）

右ハ未刻比歸著其節

爲―ゟ文壹通來ル

一山田源兵衛ゟ

時雨蛤　一曲

〆て　小玉一ツ

右到來之

○十六日　晴

尾州

一

右御機嫌伺之事

徒目付組頭

長坂三十郎

一鐵炮具洞(胴)覽(亂)十一　藤尾ゟ

御兩家江請取候事

一東本願寺御門跡御使

宗谷映

右ハ新御門跡御著御届幷

御在陣中御見舞被申入候由之處御使御口上之趣御滿足ニ思召候旨

御答之

松平丹後守内

伊藤甲藏

一

右ハ御用被仰付難有然ル處何ト申御用不相伺候何卒御親族之邊ニ

而駿府御固メ相願度由被申入候事

大岡越前守家來
篠田勇三郎

一　口上書壹通　御屆書壹通
半紙帳面壹冊

右差上候處御落手之

三宅備後守家來
八木衞士

一　御屆書壹通　半紙帳面一冊

右差上候處御落手之

一肥後藩一同交代ニ付御先觸願度由ニ付左之通認メ遣ス

先觸

一人足　百人
一馬　五十疋

右ハ今度肥後藩上下凡四百人東海道兩鎭撫使御供尾州名護屋迄罷越候處交代ニ付明十七日當地發途別紙休泊付之通美濃路罷登リ歸京候間書面之人馬宿々無滯繼立船川共周旋可有之候事

辰二月十六日

柳原殿　雑　掌印

橋本殿　雑　掌印

名護屋ゟ京都迄中山道宿々

問屋役人中

追而印鑑之義是迄兩御殿ゟ差出置候印鑑ト相替リ居候段斷申入候

右之通認メ遣但休泊付ハ肥後藩ゟ認め置候由之

寺社奉行所調方

一　　　　　　　　　　　　　　　　上村半左衛門
右ハ非常御立所繪圖壹枚外ニ御附屬立退所書付等差上候之

一　　　肥後藩
惣帥　清水數馬
番頭　相原要人
同　　落合彌次兵衛
右ハ今度交代ニ付過刻著仕候間御機嫌伺候事

○十七日　雨

一封狀箱　　壹ツ
右ハ肥後藩交代ニ付物頭ニ
御殿迄達呉候樣被賴候
但役所ニ一通爲｜壹通小林ニ一通おきぬニ一通何レも返書之

一肥後藩番頭物頭何レも出立ニ付爲御暇乞罷出候處

御両卿御對面之

尾州藩
御馬醫師
船橋彌兵衛

一 右ハ御馬少々所勞之趣承知仕候ニ付藥差上申候間宜敷被仰付度由申出候趣彌兵衛ゟ申出候事

細川越中守內
軍事奉行 淺井新九郎
目附 財津源之丞

一 右ハ昨日著仕候ニ付御機嫌伺候事

本願寺
本坊

一 右御菓子獻

但杉折入貳重

一

肥後藩
無役著座
蘆村嘉左衞門
横山助之進
物頭格
吉田源左衞門
小代五郎右衞門
高本孝太郎
金子尉助
尾藤九平
志賀太郎助

右之面々御機嫌伺之事

一肥後藩ゟ交代人數書出ス左之通

覺

惣帥
清水數馬

番頭
柏原要人
落合彌次平

奉行
淺井新九郎

物頭
木造左門
和田權五郎
寺本兵右衛門

野田彌三左衛門

吉海市之丞

山路太左衛門

目附

財津源之進

副頭

安場一平

大槻權九郎

惣奉行

堀十左衛門

以上

二月

○十八日　雨

一朝鮮飴　　一箱
　（鰹）堅節　　一箱
　　右ハ御在陣中爲御見舞御到來之
細川越中守使者
　　淺井新九郎

一　　　　　　　肥後藩
　　　　　　　　　佐分利加左衛門
　　　　　　　　　堀　十左衛門
　　右御機嫌伺之事

一禁中ゟ　　　　御使　高島大藏
　　右ハ御旗御書御到來之處御返事被進候事但シ御旗ハ御箱ニ入候ま
　　まニて御落手之

井上河内守使者

多川善右衞門
足立喜内

一御肴　一臺
御酒　一樽
右ハ御在陣中爲御見舞御到來之

一西池勝之進ゟ封狀到來即日返書出ス
但
禁中御使高島ゟ相達同人江返書相賴候事

竹腰龍若使者
中西孫十郎

一
手控
春寒退兼申候處彌御勇健被成御止宿目出度御儀奉存候御旅中猶更
御安否承知仕度以使者申上候

竹腰龍若使者
中西孫十郎

二月十八日
但使者ニ御對面之

一清水太兵衛ゟ願書出ス左之通
乍恐書付を以御願申上候

一　　私宅之儀ハ
從往古御本陣相勤來御通輿之砌無滯御用筋奉相勤候然ル處今般東
征爲
御用御發向被爲　在候ニ付不相替御旅館別而當度之儀ハ御逗留被
仰付無此上難有奉存候就而ハ私義向後御用達被　仰付下置候樣奉
願上度何卒格別之御執成奉蒙願之通御聞屆被成下度候樣奉願上候
猶更向後御用筋御大切ニ奉相勤度依之爲御目印御高張提灯御貸下
ケ被下置候ハヽ深重難有仕合奉存候乍恐此段書付ヲ以御願奉申上

候以上

四日市宿

慶應四辰年

御本陣

二月

清水太兵衛 印

橋本樣

柳原樣

御內

御役人中樣

一肥後藩ゟ只今藤堂藩ト交代仕候此段申上候由之

細川越中守內

淺井新九郎

一

覺

淺香市太郎

牧市之助

永田條之助
益田勇
杉本豊彦

右ハ
御本陣江隨從いたし御用承候樣申付候事
但外ニ醫師内藤泰吉同樣申付置候由之且又當地御進發後外驛ニ
て宿之義從
御當家御取置願度由之

熱田神主
粟田備中守
林相摸守

一御札獻上
右ハ御服中ニ付
柳原樣江御預ケ之事

一參著屆　會計局御用掛り
礒谷小右衛門
小谷惠助

且御機嫌伺之事　藤堂藩

一參陣　吉村長兵衛
右ハ御機嫌伺且今日より御本陣御警衛向肥後御免ニ付當藩ニ被仰付難有仕合御禮申上候何事も御差圖之程賴上候事

一御用ニ付參謀旅宿ニ罷越序ニ東本願寺掛所へ見物罷越候事

一御殿役所迄之文認メ置

一尾張大納言殿　御使　大津武五郎

覺

粕漬魚　一桶

菓子　一箱

以上

右ハ明朝御出立ニ付爲御歡御到來之事

○廿日　晴

一先達御著之節預リ置候當坊表裏門錠鍵大塚嘉右衛門ヘ渡同人ゟ及返却候事

一御家來一同ヘ鐵炮壹挺ツヽ御渡之

一非（緋）羅紗陣羽織壹ツ拜領之事

一御出陣辰半刻

一　余中ヘ出ル　熱田宮神主

一宮驛　御小休

一笠寺村　御小休

一鳴海驛　御晝休　下郷良之介

鳴海代官仕理（代カ）
勘定吟味役
大島新三郎

一参上
当驛
御休ニ付御所用も候ハヽ可承旨被申付候以上
鳴――
勘――
大――
辰巳屋忠次
淨蓮寺

一前後村　御小休
一今川村　御小休
一池鯉鮒驛御著陣申刻前
三州額田郡
伊賀八幡宮神主

一參上　　　　　　　　　　　　　　　柴田主計

王政復古萬機御一新之折柄私平常之宿願此秋与奉存候ニ付勤
王一片之赤心貫通仕既ニ尾州參與御役所ニ出願仕候依之伺之上
今般
御機嫌奉伺度且天下泰平御武運長久御祈禱大麻獻上候乍恐宜御披
露奉願候誠惶頓首

三――
伊――
柴――――印

慶應四戊辰
二月

右御札獻上之處御服中ニ付御返し

一有栖川宮樣ゟ油紙包御狀箱壹ッ御到來之
但四日市宿ゟ御差立之由之

○廿一日

一池鯉鮒驛御出陣辰刻

一大濱　御小休　高井善兵衛

一矢矧村　御小休　笹屋又次郎

一岡崎村　御晝休

參河國賀茂郡

猿投大明神社僧

白鳳院惣代

一參上　龍性院

口上

今般通

御ニ付御旅中御機嫌爲御窺參上仕候以上

參――

猿――
白――
龍――
辰二月
御勅使
御旅館
御役人中様
大島郡輔

一谷大膳亮様御内
右ハ
大膳亮様御奥方去十二日江戸表御發足ニて今日當驛御通行ニ付御
旅中爲御見舞
御菓子　一箱
右御到來之事但シ御使ニ　御對面之
且爲迪ニも金貳百疋被下

一右御先固仕候此段申上候由之

本多美濃守内
牧　與七郎

本多平八郎殿入來

御面會之

一藤川驛御著陣申刻前

大岡越前守家來
篠　田　勇　三　郎

一右御著恐悅幷御機嫌御用等伺之事

肥後藩
淺　香　市　太　郎

一安藤理三郎家來
西　脇　助　次　郎

一

右同断
野々山甚右衛門

一
山中八幡宮神主
竹尾東一郎
右御著恐悦申上ル

○廿二日　晴

一藤川驛御出陣　辰刻

一山中村　法藏寺前　御小休

一赤坂驛　御小休

一御油驛　御晝休

一
御油宿
御本陣
鈴木半左衛門

献上御菓子小きまんちう
金五十疋御返し被下御次ニも出ス
但
御兩卿ゟ
一伊奈村　御小休
一吉田驛御著陣申刻
一　途中ニ出ル
吉田藩
用人
柳本五郎左衛門
番頭
杉本四郎兵衛
町奉行
原田多治見
一

一　　吉田藩
　　　永野勘兵衛
右當驛御著陣ニ付爲御歡刑部大輔殿ゟ鮮鯛一折御到來之處例之通
御斷御返却之

一禁裏　御使　　三宅式部
右ハ菊御紋附御箱貳ツ御狀箱御到來之處（マヽ）

　　吉田宿
　　　御本陣
一　　中西與右衛門
御兩卿ヘ
獻上蛤少々壹臺
金百疋御返被下

　　遠州濱松

一　諏方大明神神主
　　杉浦大學
　右ハ御對面之
一錦御袖印御家來一同ニ御渡之
　但
　御所ゟ相廻り候由之
一　青山左京大夫家來
　　須田小文治
　右御着恐悦申上ル
一　伊州藩
　　吉村長兵衛
　右ハ今日從
　朝廷袖印拜領被　仰付冥加至極難有御禮申上候事

肥後藩
橋本豊彦
三宅備後守内
渡邊舜治

一右御著恐悅申上ル
三州渥美郡馬見塚村
高宮神明社神主
渡邊豊後
同寶飯郡下地村
稲荷大明神々主
富安内膳
同斷
天王社神主
夏目民部

一右ヽ御著恐悅以一紙申上候事

一今日從

禁中菊御紋付御箱貳ッ御到來ニ付右持夫貳人明朝ゟ相廻し候樣多羅尾
手代藤尾乘平へ申達候事
但持夫著用法被御兩家ゟ相廻し候樣小頭ヘ申渡

一
三河國渥美郡田尻村
神明社神主　宮林要人
同國同郡羽田村
秋葉社神主　廣岩主水
同國八名郡小鷹野新田
神明社神主　本多蕑太郎
同國八名郡田中新田
神明社神主　松坂越後
今般御旅館爲御機嫌伺參上仕候乍恐當地産物御菓子二箱獻上仕候
以上

但献上物御返却之事

○廿三日　晴

一おふち様ゟ御状箱御到来之

　但岡崎宿ゟ御差立之由之

一吉田駅御出陣辰刻

一　途中ニ出ル

　　　　吉田藩町奉行

　　　　　原田多治見

　　　　同代官

　　　　　中村道太郎

一二川　御小休

　　　　二川宿御本陣

　　　　　馬場彦十郎

一

　献上椪甘（蜜柑）

金廿五疋御返し

但

一　御両卿ゟ

途中江出ル

吉田家老

大河内市左衛門

同町奉行

杉山九十郎

一白須賀驛御書休

白須賀宿御本陣

一　大村庄左衛門

献上　蛤

金百疋御返し

但

御両卿ゟ

一荒井驛御著陣未刻

荒井宿御本陣

飯田武兵衛

一獻上蛤

金五十疋ッヽ御返し

但

御両卿ゟ

吉田家老

大河内市左衛門

一右ハ御著恐悦申上候且爲御歡御菓子二箱　御両卿ニ獻上之處御返却之

三宅備後守重臣

一　右ゟ御機嫌伺之

渡邊舜治

一　大澤侍從使

安間又左衛門

今般御下向ニ付御旅中御安否御機嫌伺度且相應之御用等も御座候ハヽ可相伺旨侍從在京中ニ付兼而申付越候此段宜御取繕御披露可被成下候以上

二月廿三日

大――

安――

一　敷知郡

入出村

漁師

治郎八

左源治
十右衛門
新右衛門
藤左衛門
五郎助

右ハ御著ニ付
獻上　黒鯛　壹枚
もゝき　四本
を(マヽ)魚　三本
金五百疋ッ、御返し
但
御兩卿ゟ
一おふち様當驛江御著之由問屋役人ゟ申出ル

一御出門戌刻
　右ハおふち様御旅宿ニ被爲成候事
一おふち様御旅宿ゟ御歸陣掛三宅備後守出張所ニて腰掛居候者壹人有之候ニ付小頭以源兵衛ヲ如何心得ニ候哉相尋候處地頭見廻りと見うけ無禮仕候段何共申上樣も無之恐入候宜御斷申上候何レ以重役ヲ御斷申上候由返答之
○廿四日
　　　　　　　　　　　三宅備後守內
一　　　　　　　　　　　丹　羽　海　三
　　奉願上候一札之事
　私義荒井宿警衛相勤罷在候處昨夜半俄之通御之節全心得違ニて下座不仕候ニ付蒙御差留一言之申譯無御座奉恐入候以後右樣之義無之樣急度相守可申何卒此度之義ハ出格之以

御宥恕可然御許容被成下候樣偏ニ奉歎願候
右願之通御聞濟被成下候ハヽ難有仕合奉存候以上
三宅備後守内
丹　羽　海　三印
慶應四辰
二月廿四日
橋本樣
御役人中
右書付差出候後書付御下被成下候段以小頭ヲ段々願ニ付差返候事
一荒井驛御出陣辰刻
一同所番所前ゟ御乘船
於御船中ニ大澤右京大夫ゟ御菓子獻上　次一同にも到來
一舞坂驛御著船
一同所　御小休

舞坂宿御本陣
宮崎傳左衛門

一　獻上　蛤
　　　　　　　干のり
金百疋御返し被下
但
御兩卿ゟ

一高塚村　御小休
高塚村御本陣
五郎兵衛

一獻上　蓮根三本ツヽ
御返し金百疋被下
但

御兩卿ゟ
一於同所大澤右京大夫ゟ御料理獻上　次一同ニも出ル
一濱松驛御著陣未刻
濱松藩
伏谷又左衞門
一御對面
同
神戸木工
獻上　銘酒　二樽
松露　二籠
井上河内守家來
用人
足立喜兵衞
一
同

町奉行
　山口喜平司

右御著恐悦申上ル幷御用等伺之事且又御馬一疋御借用被成度旨申
入候處承知仕候由之事

濱松宿御本陣
　杉浦助右衛門

一
　獻上　鷄卵一折ツヽ
　御返し
　　金五十疋ツヽ被下
　御兩卿ゟ

一錦袖印壹枚源兵衛江御渡
柳原樣小頭江も壹枚御渡之事

井上河内守內

足立喜兵衛
山口喜平司

一
右ハ過刻御頼被遊候御馬一疋爲引來候ニ付受取書出ス
但別當貳人御借用之旨御頼之事
覺
一御馬　一疋
口付　貳人
右正被致借用猶歸京之上被致返却候以上
橋本少將殿家
伊藤左近
辰二月廿四日
井上河内守樣ニて
足立喜兵衛殿
山口喜平司殿

一東山道鎮撫
　　使者
御總督　　　　　　　　　　因幡
　　　　　　　　　　　　　　永田秀藏

右ゟ御書御到來之處御返書被進候之

○廿五日　晴

一濱松驛御出陣辰刻

一安間村　御小休

一　獻上　御菓子　　　　安間村御本陣
　　　　勝栗　　　　　　　金原久右衛門
　御返し金百疋被下
　御兩卿ゟ

一天龍川船渡

一同所船上り場ニて藤堂藩足輕持筒過而發砲自分面體目之あたり少々怪
我有之由之委ハ袋井宿御着之節ニ記ス

一池田　御小休　　　　　　　　　池田御本陣
　　獻上　おもめし　　　　　　　　　市川伊平治
　　　次一同にも出ス

一見付驛　御晝休　　　　　　　　見付宿御本陣
　　獻上　小鯛　貳枚　　　　　　　　鈴木孫兵衛
　　御返し金百疋被下
　　　御兩卿ゟ

一松平與市郎殿入來　　　　　　　西尾隱岐守內
　　右御面會之

一　　　　　　　　　　　　　　　　　青山勘右衛門

一 右御機嫌伺幷人數書差上候由之處御落手之
途中ゟ出ル

皆川鍵之進家來
伊藤完一

高木義太郎家來
平野理惣治

菅谷主殿介家來
松井順藏

諏方社役人
邊（マヽ）左京

一 袋井驛御著陣未刻

一 井上河内守内
春日千藏

同

名倉予何人

右御對面幷無程河内守御門前通行仕候此段御屆申上候由之

間部下總守内

芳澤鳴二

一

右同斷

小西膳（善）右衛門

一岩倉大夫樣御使

右御狀箱御到來之處御返書被進候之

但御使江御對面之

一今日天龍川御越之節後之方ニて一發炮聲相聞候ニ付取調候樣御沙汰ニ

付承調候處

此方樣御警衛藤堂藩之内藤堂仁右衛門隊卒之内火門江雷管附有之儘鷄

頭おろし置候由ニ候得共船上り之節臺尻突立候由ニて相發自分面躰左

之方眼邊少々怪我いたし候得共氣張歩行ニて池田村同藩休息所迄相越

候程ニて格別之儀ニても無之全過ニ無相違外ニ如何敷義等無之候ニ付此由申上候處全過之炮發ニて外ニ子細無之候ハヽ御懸念も不被爲在怪我いたし候當人能厭ヒ遣候樣御沙汰ニ付其旨番頭三宅源藏ヘ申達候處同人早速仁右衛門申聞候ハヽ同人義不調法之次第深恐入専ら當人取調

一中右御憐愍御沙汰之程難(有脱カ)仕合早速御小休所ヘ參上御禮可申上筈ニ候得共療養手當方其外取調中ニ付不取敢源藏ヲ以テ御禮申上候猶後刻御宿陣ヘ仁右衛門罷出委細申上候御憐愍之御禮申上候段源藏申聞候ニ付其段申上候處入念候義ニ思召候最前御沙汰之通呉々も相心得決而御懸念無之候間能々申聞候樣御沙汰ニ付猶又其段源藏ヘ申達候處深難有奉存候旨申聞候付其段申上候事

一藤堂仁右衛門幷津藩吉村長兵衛兩人爲伺御機嫌參陣之處御對面其節仁右衛門先刻過ニて發炮之一件委細申上且御憐愍之御沙汰御禮御直ニ申上候由之

一
太田總次郎家老
河野十郎右衞門
差添
和田治部助
右ハ
天氣伺之由ニて手控壹通差上候處御落手之
同藩
四宮仲之進
一
同
和田治部助
右ハ
御兩卿ヘ御機嫌伺之事
○廿六日　晴

一袋井驛御出陣辰半刻

一原川村　御小休

一　途中ゟ出ル

一掛川驛御晝休

一　獻上　とゝ拂三本

御返し金五十疋

太田總次郎家來

増井武左衞門

同代官

川島金五

同道奉行

新江金左衞門

同下役

村松警二兵衞

掛川宿御本陣

澤野彌三左衞門

御兩卿ゟ
一山鼻村　御小休
一新坂驛御著陣未刻前
一　獻上　葛　　新坂宿御本陣
　御返し金五十疋
　御兩卿ゟ
一御著後暫時御暇相願土橋同道ニて野邊ニ罷越鐵炮打掛候事
○廿七日　晴
一御用ニ付今坂甘錄昨日當驛ニ著今朝出立ニ付御殿御書屆呉候樣御賴之
一新坂驛御出陣辰半刻
一小夜中峠　御小休
一　獻上　飴　　御本陣
　金五十疋御返し被下　　小泉忠左衞門

御兩卿ゟ

一菊川村　御小休　　おもとりや宇兵衛

一金谷驛　御小休　　佐塚佐治右衛門

一大井川御渡今度板反橋掛ル

一金谷御本陣へ參上　　戸田土佐守使者

戸田小膳

木村喜太郎

手控

當今

朝廷御多端之趣奉恐察奉伺

天機度不取敢登京仕候之處不圖當驛御休之趣承知仕候ニ付爲伺

御機嫌土佐守參上可仕之處所勞ニ付金谷宿ゟ罷在以使者奉伺　御

機嫌候間宜御取成御披露奉願候

右御雜掌衆中迄
二月廿七日　　　　　　　　　戸――

一輪王寺宮　御使　　　　　　戸――
　　　　　　　　　　　　　　自證院
　御對面之
　　　　　　　　　　　　　　田沼玄蕃頭家來
一御機嫌伺　　　　　　　　　鈴木晋平
一島田驛御晝休　　　　　　　大久保新右衞門

覺

中納言様　　渡邊主膳様

明暦元未年二月十六日御參向御泊萬治二亥年四月十二日御參向御休

中將様

寶永七子年八月朔日御參向御泊

宰相様

寛延二巳年四月御歸京御小休明和四亥年四月廿三日御歸京御小休

大納言様

天明六午年十月十四日御參向御小休同年閏十月朔日御歸京御小休

少將様　和田右兵衛尉様

堀内主水様

文化十二亥年五月十九日御上京御休

宰相中將様　石田主計様

享和二戌年四月廿三日御上京御休

中將様姫君松姫様

文政九戌年三月十九日御下向御泊

宰相中將様

天保四巳年四月廿五日御歸京御小休
中納言樣
天保八酉年八月廿二日御參向御泊同十亥年御參向御泊同三月七日
御上御小休
宰相中將樣
文久二戌年二月廿六日御歸京御小休
右之通御由緒御座候ニ付今般も御休被仰付冥加至極難有仕合奉存候
依之乍恐舊記寫奉入御覽候以上
島田宿
御本陣
卯
二月廿六日
大久保新右衞門
上
右書付差上候事

一獻上　輿津鯛四枚　島田宿御本陣
御返し金百疋被下　大久保新右衛門
御兩卿ゟ

一參上　岡部筑前守家來
岡部直記
府川齋

右ハ今般依御招上京仕候之處
御兩卿御通行ニ付乍途中不取敢御機嫌相伺候之
青山峰之助家來

一同斷
小出靱負
一三軒屋　御小休　岩崎や太郎太
本多紀伊守代官
一　途中ㇾ出ル　高木彌一郎

同町奉行

吉田助左衞門

同家來

今村源次郎

森川又十郎

紅松七郎右衞門

水野出羽守家來

服部純平

松平伊勢守家來

阿部泰藏

松平丹後守家來

伊藤均平

一藤枝驛御著陣申刻前

一御機嫌伺として諸藩兵姓名略ス

松平丹後守家來

一御對面　伊　藤　均　平

右御馬一疋口付貳人御借用被遊度旨御賴被仰入候處承知之旨之

一本多紀伊守殿家來ゟ爲御馳走左之通書付問屋役人ヲ以差出ス

橋本少將樣

御馳走覺

西領分境　道奉行

一上青島　高　木　彌　一　郎

地方下役

紅松七郎右衛門

同　心　壹　人

西領分境ゟ

東領分境迄

一野間御先拂

三軒屋

一御小休所

瀬戸川

一西川端

同所

同心壹人

作事下役

池谷重藏

同心壹人

郡奉行

今井源次郎

徒目附

杉本八十助

同心壹人

一東川端
町奉行
石原藤源太
徒目附
天野徳治
同心壹人
足輕壹人

同所
一東西立番

同所
一河原之内盛砂并手桶

一火之番
番頭
増田貢
足輕小頭壹人
足輕十五人

一宿入口
一宿掃除盛砂幷手桶
一宿御先拂
川原町
一番所
一宿辻固
御本陣前
一假番所
一御本陣最寄

町奉行
吉田助左衛門
同心貳人
中小性
森川又十郎
徒士
木野佐太郎
足輕壹人
足輕十貳人
足輕貳人
町奉行

一大手前

傳馬役　吉田助左衛門

長澤義平

組目附一人

同心二人

家老　平野源之丞

同人　遠藤舍人

番頭　丹羽平治兵衛

中小性　伊崎醇次郎

小柳九二八
足軽二人

東領分境
一法之橋

道奉行
岩本十郎

地方下役
堤健吉

同心壹人

以上

二月

今般

御両所様御旅中之趣承知仕候主人峯之助爲勤
王歸邑仕候處先達中ゟ時候ニ相障下乗も難義仕居候ニ付途中御進

軍之御模様承候得共町家或ハ寺院等ヘ控居候心得ニ御座候此段奉
伺候以上

青山峯之助重役
小出靱負

二月廿七日

御兩所様益御勇健可被成御進軍目出（度脱カ）御儀奉存候將又私儀今般爲勤
王在所表ヘ罷越御旅中之趣承知仕候此段以使者申上候

二月廿七日

右貳通藤枝宿御晝御休所ヘ差出候由之

濱松藩士
屋代左一兵衞
成川辰五郎
高野助之丞
名倉千之

一

小林孫太郎
池田庄三郎

右之面々以後晝夜共御本陣ヘ相詰候由申上ル

○廿八日　晴少々雨

一藤枝驛御出陣辰半刻

一　途中ゟ出ル

本多紀伊守家老
平野源之丞
用人
遠藤舍人
番頭
丹羽平治兵衛
松平丹後守家來
伊藤均平

一岡部驛　御小休

一　獻上　目ゟる貳本　岡部宿御本陣

御返し金百疋被下　內野九兵衛

御兩卿ゟ

一宇津野谷御小休

一尾張殿使者　手岩小助

右ハ過日御頼ニ相成候江戶表へ御狀御送之處御返書之由ニて白木

狀箱壹持歸候之

但請取書之

一　獻上　御馬沓壹足片々　宇津谷御本陣

御羽や忠左衛門

右ハ秀吉公時代古事有之由ニて獻上之

但殘片ハ御開陣之節獻上仕候由申上

一鞠子　御晝休
松平丹後守家來
一　御機嫌伺　大畑雄作
一安部川御渡リ今度板假橋掛ル
一府中之内彌勒町　御小休
一　獻上　安部川餅　御小休御本陣
御返し金五十疋　龜屋五郎兵衛
御兩卿ゟ
細川越中守内
一　御機嫌伺　佐分利加左衛門
駿府町方同心
一　三澤三藏
松山英次郎

一府中驛御著陣未刻過

一御著恐悅申上

榊原越中守內
　野々村守八
井上河內守家老
　伏谷又左衞門
同使番
　成川辰五郎
　屋代左一兵衞
吉田藩
　旅佐十郎左衞門
水野出羽守內
　竹內彥三郎
瀧脇丹後守內

稲葉左太夫
本多紀伊守内
秋田三郎右衛門
備前藩
薄田兵右衛門
吉田藤兵衛
雀部八郎
平井源八郎
水野三郎兵衛
柴岡宗伯
森下立太郎
藤堂藩
藤堂仁右衛門

一御對面

吉村長兵衛
三宅源藏
本多紀伊守家老
都筑亦九郎
岩崎佐治右衛門
本多紀伊守家來
奥村守衛
龜山藩
名川力輔
田上寛藏手代元〆
坂田芳助
肥後藩
佐分利加左衛門

一御著恐悦申上ル

一安部川ニおゐて
御機嫌伺

淺井新九郎
財津源之進
尾隊長
富永孫太夫
同
津田帶刀
司令士
中川彦九郎
兼松又兵衛
津金新兵衛
紀藩
大崎督太郎
三輪三右衛門

本多紀伊守代官
　岩本十郎
小島藩
　伊藤均平
瀧脇丹後守御使者
　稲葉左太夫
一御機嫌伺
一　興津鯛　一籠
右ハ御旅中爲御見舞御到來且又昨夜被　仰下候御馬一疋口付貳人
當御本陣差出候間宜御取計被下度段申來ル乍序申上候由從
朝廷御沙汰被爲在候以後松平止本姓瀧脇可相名乘由被仰渡候間此
段御吹聽被仰進候由之
細川越中守物頭
　木造左門
一御機嫌伺

和田権五郎
寺本兵右衛門
野田彌三左衛門
吉海市之丞
山路太左衛門
安場一平
大槻権九郎
土御門殿配下
陰陽道取締役
駿州北案留村
岡村隼人
府中呉服町
新井伯光
一同断

○廿九日　雨　今朝風雨

一今朝安部川出水ニ付留リ候由之

一過日於濱松宿井上河内守殿ゟ御馬一疋別當貳人御借用之處今日御返却ニ相成右ニ付別當貳人ハ金三百疋被下候也

一御人數書差出呉候樣參謀ゟ申來候ニ付左之通出ス

橋――

雜掌一人

近習五人

小頭貳人

手廻貳人

別當貳人

外　別當貳人

〆拾四人

右

一御機嫌伺

一榊原越中守殿入來

右御面會之

一御機嫌伺

細川越中守內

堀　十左衛門

吉田源左衛門

横山助之丞

小代五郎左衛門

蘆村嘉左衛門

細川越中守內

番頭

柏原要人

落合彌治兵衛

同藩
高木孝太郎
尾藤九平
金子尉助
志賀太郎助
本多紀伊守家來
近藤十兵衛
尾州藩
富永孫太夫
津田帯刀
濱松藩
伏谷又左衛門
駿河國有渡郡

三保大明神神主
太田健太郎
同國同郡
八幡神主
八幡主殿
駿河國淺間
奉幣使
稲河內膳
同國一之宮
富士本淺間大神
大宮司
富士亦八郎
淺間神主

新宮兵部
草府神主
森齋宮
惣社神主
惣社宮内
右ヘ各御機嫌伺幷御札獻上之處御服中ニ付御返却之
備藩
吉田藤兵衞
森下立太郎
平井源八郎
雀部八郎
細川越中守内
安場一平
一御機嫌伺

吉海市之丞

吉田藩

遊佐十郎右衛門

井上河内守家老

伏谷又左衛門

一 參上

右ハ御馬口付貳人慥ニ奉受取候且又口付貳人江拝領物御禮申上候之

○三十日 雨

瀧脇丹後守樣御家來

伊藤均平

一

右ハ河明次第

有栖川宮樣爲御迎鞠子邊迄罷越候ニ付爲替稻葉左太夫御本陣ヘ爲相詰候此段申上候由之

一御所ゟ御状著上書宛
御兩卿　會計事務局　添觸壹通外ニ丸子宿ゟ安部川滿水ニ付差留候得
共格別之御用状ニ付廻繼ニて繼立候旨斷書來ル其儘御手元ニ上ル

○三月朔日酉　少々雨

一參陣
尾藩
當永孫太夫
津田帶刀
淺井四郎兵衛
右ハ今日當驛出立仕候ニ付御機嫌伺候之
備前少將內
水野三郎兵衛
薄田兵右衛門
一御機嫌伺幷
御對面

吉田藤兵衛
柴岡宗伯
本多紀伊守内
藤田小七郎
清見寺使僧
桃源院
貞松山
蓮永寺
備前少將內
平井源八郎
森下立太郎

一御機嫌伺

一同斷

一右ハ小田原宿迄轉陣今日出立仕候間此段御屆申上候由之

一御出馬午刻

右ハ城馬場邊ゟ被爲成申刻前御歸陣之

一西尾隱岐守殿入來

一右ハ今度皈邑仕候ニ付御機嫌伺候由之

備前少將内
雀部八郎
宮崎謙二

右ハ兩人相殘相應之御用等可相伺手都合ニ仕度候間此段宜御披露奉願候且又當驛御滯陣中拜謁相願候ハヽ別而難有奉存候此段宜御申上奉願候由之

細川越中守内
安場一平
渡井新九郎
外ニ六人

一

右ハ明日當驛出立仕候ニ付御機嫌伺候處
御對面之
一瀧脇丹後守樣ゟ過日御馬御借用被遊候處少々子細有之今日御返却猶又
穩順之馬御座候ハヽ御借用被遊度旨御賴被仰入候事但御馬奥平隼太江
相渡ス
一御殿ゟ大紙包著內々
大夫樣ゟ御直書幷役所ゟ書狀母小林等ゟ狀到來之但二月廿四日差立之由ニ
一岩倉樣御內塩川廣平ゟ土橋爲迪宛ニ而白木狀箱壹ツ外ニ狀壹封到來直
樣
御手許江上ル

井上河內守家老
伏谷又左衛門

一御機嫌伺

久能山

一同斷
德香院代僧
了　周　房
一同斷
勅願所
駿府
臨　濟　寺
一西尾隱岐守殿入來
右ハ今度在城ニ付當驛通行仕候依之
御兩卿江御機嫌伺候事
井上河內守家來
赤　松　孫　太　郎
一御機嫌伺
近藤登助家來
栗　野　包　五　郎
一
右ハ登助歸村ニ付當驛止宿仕候依之御屆申上候且御機嫌伺候事

一

本多紀伊守家來

藤田小七郎

右ハ過刻御入城被遊候處甚不都合之至仍以使者御斷申上候由之事

一

建部聖岡使者

鈴木辰次郎

右ハ關東ゟ歸村當驛止宿仕候ニ付御機嫌伺候事

一

尾州藩

村田與吉

右ハ江戸ゟ之油紙包狀箱壹外ニ水野彥三郎ゟ之紙面壹通持參

口上

別封壹中山攝津守殿ゟ被差越候ニ付御屆申上候憶ニ御手元ヘ御差上可被下候以上

二月廿九日

水野彥三郎

伊藤左近様
其御外様
〆
右到來ニ付請取出ス左之通
覺
一御大切物
右正致落手候以上
辰二月朔日
橋本殿家
伊藤左近印
尾州藩
水野彦三郎殿

○二日戊晴
一本多紀伊守殿へ御使
長瀬牧太

口上

紀伊守様彌御安泰珍重被存候然ㇵ昨日俄御入城之節色々御世話且又御茶菓被成御進上深忝被存候右御挨拶被申入候以上

橋本少將殿
柳原侍從殿
使

三月二日

長瀬牧太

一東山道御總督ゟ御狀箱御差立

但名宛ㇵ爲迪土橋兩人塩川廣平宛之

一狀箱　壹ツ

右ㇵ東山道御總督府御出陣先ゟ無滯可被相屆者也

三月二日

柳原殿
雜掌
橋本殿

雑　掌

駿府ゟ東山道筋

宿々問屋役人中

右差立候處左之通請書出ス

覺

一御用狀　　壹ッ

但紙包

一御添觸　　壹通

右ハ東山道

御總督府樣御內

塩川廣平樣へ被爲遣候

右之通慥ニ奉請取則丸子宿へ刻付を以御繼立仕候以上

府中問屋

辰三月二日　　　　　　　　　佐　助印

橋本様

柳原様

御役人中様

一宿次ニ而紙包御状箱四ツ來著

橋本少將殿
柳原侍從殿　　　　内國
　　　　　　　　　　事務局

東海道
橋――　　　　　　　太政官代
柳――　　　　　　　　軍務局

東
橋――　　　　　　　太政官
　　　　　　　　　　　會計事務
柳――　　　　　　　　　裁判所

執事中

橋――　　大總督府

柳――　　參謀

右御狀箱四ッ御到來宿送リ狀四通添川支斷書三通左ニ記ス

宿送リ

此狀箱壹ッ從京都東海道橋本殿柳原殿御旅行先御本陣へ急度可相屆者也

辰二月廿九日

太政官代

軍務局

右宿々中

宿送

此狀箱壹ッ東海道橋――柳――本陣迄無滯可相屆者也

辰二月廿五日
太政官
會計事務局　□
右宿中

宿送
油紙包狀箱壹ッ從京都東海道橋──柳──陣所迄無滯可相屆者也
慶應四年二月廿五日
太政官代
右宿中

急御用
宿送
此狀箱壹ッ先鋒御總督橋──柳──ニ急御用候間刻付ヲ以無滯可相達者也

三月一日

巳之上刻發

大御總督

會計方

驛々役人中

右四通

大井川滿水御斷書

一油紙包御狀箱　壹ツ

二月廿五日御日附

會計御役所樣ゟ

橋本少將樣い上リ候

柳原侍從樣

一紙包　同　壹ツ

同御日附

右御同所ゟ

御同殿様ゟ上リ候

一油紙包同　　　　　　　　壹ツ

二月廿六日御日附

軍務局様ゟ

橋――――

柳――――　ゟ上リ候

一同　　　　　　　　　　壹ツ

三月一日御日附

〆御状箱四ツ

右ハ今朔日未之中刻迄追々奉請取候分大井川満水ニ候得共少々宛水干落方ニも相成候ニ付所々瀬向吟味仕牛尾村前ニ而拾ひ瀬致候ハヽ御越立ニも可相成見込ニ御座候間則右場所迄役人共差添罷出今朔日申之下刻右場所ニて島田宿へ御越立仕候以上

慶應四辰年三月朔日

東海道
金谷宿
問屋
三郎右衛門

橋――
柳――
御役――

差上申一札之事

一軍務局様ゟ被爲遣候油紙包御包御状箱　壹ツ
明廿九日酉下刻天龍川端迄御著被遊候處出水仕夜越難仕今晦日卯下刻
御渡船仕候爲其一札差上申候以上

天龍川年寄

辰
二月卅日

重　太　夫印

橋――
柳――

御取次中樣

乍恐以書付御斷奉申上候

一軍務局樣ゟ被爲遣候油紙包御狀箱壹ツ宿次御廻文壹通

右ハ昨廿九日酉中刻舞坂ゟ奉請取候處天龍川出水ニ付夜越通路無之乍恐當宿へ滯止宿仕今晦日右川一通リ越御繼立仕候以上

辰二日晦日

濱松宿
年寄
太郎吉 印
問屋
忠兵衛 印

右三通來ル

一　　　　　　　　　　瀧脇丹後守家來
　　　　　　　　　　　稲葉左太夫
　右ハ御機嫌伺且内々申上候由當町奉行役明キ居候間何卒右御役仰
　被爲蒙候様御含置願度由之
一御兩卿御出馬午刻
　右ハ城馬場邊ヘ被爲成候事
一會津軍兵大礮ヘ操出之由風聞承ル
○三日亥　雨
　上巳
一當日御祝儀申上ル
一當月ゟ御手（當脱カ）金相極候由ニて受取
　一金百兩
一同七兩　　　　雜掌

一同五両ッヽ　　御近習
一同三両ッヽ　　小頭
一同貳両ッヽ　　御別當手廻り
右之通受取候事
一御両家ゟ受取書遣ス
請取申金子之事
一金貳百八拾九両之
但御両卿方金百両ッヽ雑掌貳人金七両ッヽ御近習九人金五両ッヽ小頭四人ニ金三両ッヽ御別當四人金貳両ッヽ御手廻り五人金貳両ッヽ之積
右之通當三月分御手當金請取候處仍如件
慶應四辰年三月
橋本少將殿家
伊藤左近印

柳原侍従殿家
土橋對馬守印

一瀧脇丹後守様ゟ相廻候別當貳人ニ御手當金之内ゟ金四両被下候事　但壹人貳両ツヽ之宛ニ

上巳御祝儀
但此分廿四日相渡

町

一獻上　菱餅五重ツヽ

年寄
町
惣代

右御両卿且御両家雑掌御近習ニも出ス御祝義として
金五百疋ツヽ被下

一獻上　蛤
府中宿
金百疋ツヽ御返し被下
御本陣

右御兩卿ゟ

望月治右衞門

一今日出立御屆

備前少將內

雀部八郎

戶田淡路守使者

一

井本彥馬

右ハ御機嫌伺且無程御門前通行仕候此段御屆申上候之

田中藩

藤田小七郎

一御機嫌伺

會計方

一當日御祝義申上ル

小谷恵助

礒谷小右衞門

本庄宮內少輔使者

一

小谷元右衞門

右ハ此度宮內少輔依御招上京仕候處當驛江御兩卿御止宿中ニ付以
使者御機嫌伺候事

因州
中井範五郎

藤堂藩
三宅源藏

渡邊丹後守內
佐竹勇三郎

大久保紀伊守內
吉川在一郎

曾我主水內
新井捨之丞

一岩倉樣　御使
右御對面之

一當日御祝義申上ル

一御機嫌伺

○四日子　雨

一御對面

近藤力之助家來
横田保兵衛

一御對面

因州藩
中井範五郎
大總督宮御使番
河田精之丞

一

當病
渡邊丹後守
名代重役
武元二兵衛
同道
佐竹勇三郎

右ハ以手控
天機伺且丹後守無程御門前通行仕候此段御屆申上候事
近藤力之助
一御對面
田中藩
藤田小七郎
一御機嫌幷御用伺
京上醍醐報恩院末
新義眞言宗
一御機嫌伺
駿州　建穗寺
高木主水正使者
神谷十郎左衞門
一
右ハ依　御召上京仕今日當驛通行依之以使者
御兩卿ニ御機嫌伺之事
濱松藩

一御機嫌伺

伏谷又左衛門

駿府町方與力惣代

大森常左衛門

同　同心惣代

立花幸藏

近藤百輔

名川力輔

細木甚五兵衛

一右ハ御機嫌幷御用等伺且近藤力輔義用向出來ニ付後役細木甚五兵衛被申付置候間萬端被　仰付候樣願出百輔ハ今日より歸國仕候ニ付御暇乞申上候事

内藤金一郎内

一　川西初太郎

右ハ金一郎義先月廿八日江戸表出立今日江尻宿ニ止宿仕候依之不取敢　御兩卿〓御案內相伺候明日當驛通行仕候ニ付
天機可相伺之處若年之上所勞ニ付御無音申上候段以使者申上候事

一御對面　　　　　　　　　　　　　　　　　內藤監物

藤堂藩

一同斷　　　　　　　　　　　　　　　　　吉村長兵衞

右ハ一咋日三島表〓御用相勤唯今歸陣ニ付而之
但途中ニて相調候由ニて鯛貳尾
御兩卿〓獻上之

〇五日丑　雨

瀧脇丹後守家來

一　　　　　　　　　　　　　　　　　稻葉左太夫

右ハ丹後守義江戸表出立昨四日在所〓到著仕候ニ付御屆申上候之

但　御兩卿ゟ御機嫌伺之事
一御内ゟ御書幷召物等少々御返しニ付左之通先觸出ス請取差出候由
但母小林等ゟ返書出ス
一
覺
一油紙包　　　　壹ツ
右ハ急御用ニ付橋本樣迄宿々無滯繼立可給候也
辰
三月五日
　　　　　　　　　　　　　　　　雑　　掌印
橋本少將殿
卯半刻出ス
府中宿ゟ
京都迄
宿々
問屋役人中
一大總督

有栖川宮樣當所ゟ御著陣ニ付御出迎爲御使爲迪土橋同道ニて安部川罷越候之
一正親町樣　西四辻樣　穗波樣　河鰭樣等へ同樣相勤候之
一御同所御一同ゟ御使
右ハ過刻御挨拶幷御在陣中御見舞被申入候之
駿府町方與力
佐藤青十郎
同　同心
長島載助
一御用伺
田中藩
仙葉彌平太
一御機嫌幷御用伺
板倉攝津守使者
福田與市

山崎林之進

右ハ私義爲上京今日當驛通行仕候ニ付乍憚奉伺
天機候且　御兩卿樣へ御機嫌伺候事

岡部筑前守使者

右ハ今度歸邑仕候ニ付御門前通行御屆且　御兩卿ニ御機嫌伺候〻

庵原郡西窪村
龍雲院病氣ニ付代
眞　如　寺

一御機嫌伺
一今未刻御供揃ニて
大總督宮御著ニ付御入城之事
一明巳刻
御入城之旨藤堂藩被　仰渡候之
一輪王寺宮今晩蒲原御泊明日當驛へ御著之由町年寄ゟ申上候事

一今巳刻御供揃ニて
大總督宮へ被爲成未刻御歸陣之
一瀧脇丹後守樣　御使者　稲波（葉）左太夫
右ハ丹後守樣一昨日無御滯御歸邑被成候ニ付爲御手土產鯛貳疋御
到來
一御同所ゟ過日御賴ニ相成候御馬一疋相廻ル
尾州
一　貞愼院樣　御上
右ハ今晩興津御泊明日爰元御通行之旨御觸到來仕候ニ付申上候事
辰三月六日　問屋
清助
右書付出ス
一俄御供揃ニて御入城戌刻比御歸陣

一
瀧脇丹後守内
伊藤均平
右ハ御機嫌伺且明日
丹後守様當御本陣へ御出被成候旨申上置候由之
一紙包御箱貳ツ
右ハ急々京都ニ相達候様藤堂藩ニ被仰付候事
一甲州ニ賊徒押よせ候由風聞承ル
一明朝海江田武治甲州ニ出張ニ付宿もづき迄
御使可差出旨御沙汰之
井上河内守家老
一御機嫌伺
伏谷又左衞門
輪王寺宮執當
一同斷
大覺院大僧都

一　京極右近內
　　馬淵幸之丞
右ハ主人義依　召上京仕候ニ付於途中御總督樣方へ御行合申候節
如何相心得可申哉於京都相伺候處
天機相伺其上御差圖被下度旨願出候得共
御入城中ニ付明朝伺出樣申達候事
　　田中藩
一御機嫌伺　藤田小七郎
一輪王寺宮樣　御使　戒善院大僧都
右ハ
御兩卿ヘ御歎願之義有之候ニ付
宮今當宿へ著被致候段御屆申上候由之
一御同所ゟ　御使　常應院

右ハ　宮只今當宿へ著被致候段御案内被　仰入候事

七日分
一甲州ニ海江田武治出立ニ付爲見立當宿棒鼻迄御使被遣候之但御使中澤外記相勤ム

瀧脇丹後守家來
大畑雄作

一御機嫌伺

○七日卯　晴

一今辰半刻御供揃ニて
御入城

甲州ニ關東ゟ募兵

山岡鐵太郎
中條重之助
松岡よ（萬）ろづ
大草竹次郎

與力
關口權（良）助
甲州奸曲人
神座山より三里程
甲府城方
依田熊彌太
エジゴウリ
哥人若丸
神座山住居
武藤外記
同悴藤太
同人共宅ニ浮浪士其外潜居人
五十人位常ニ有之候よし

甲府勤番之内

奸謀主三人

同　加藤大膳

俗名

黒ゴマ郷勝

博奕人

同人手下凡

貳百人

右是迄探索荒増申上置候尚追々可奉申上候

辰三月

加藤監物

一右書付監物ゟ差上募兵打平猶於關東拜謁相願度旨申上置候事

田中藩

藤田小七郎

一御機嫌伺

一瀧脇丹後守樣御出
右御面會之
但金五百疋被下
一御機嫌伺　西池清彦
〇八日辰　晴
一御出馬辰刻
右ハ　大總督宮樣へ被爲成御歸陣
久能山學頭
一御機嫌伺　德音院大僧都
安部攝津守使者
一　井上八十八
右ハ攝津守義依　召上京可仕之處御兩卿御宿陣ニ付御機嫌可相伺
之處所勞ニ付以使者申上候事

一大総督宮　御使　　川（河）田清（精）之丞
右ハ
柳原様御對面之
一御機嫌伺　　若さや源兵衛
獻上　　御菓子一箱
興津鯛貳枚手前へ到來
一先鋒諸藩陣所ニ御達書御差立御使藤堂藩へ被　仰付之委ハ書記方有之
由
一正親町中將様
一穗波三位様
御出御通
一軍防局ゟ
大箱　壹ツ
状箱　壹ツ

但繪府も壹本添
右御到來宿送リ狀左之通
此油紙包狀箱幷大箱等東海道總督府へ急度可相屆者也
慶應四年三月一日
軍　防　局
右　宿　中

一藤堂藩ゟ鯛貳尾獻上　次一同にも出ス
一與津鯛貳枚藤尾に送ル

備前少將內
雀　部　八　郎
宮　崎　謙　二

一
尾藩
江　原　瑞　吉

右ハ明日ゟ御警衛申上候由申上候之

一　　般若院眞上ゟ

右ハ昨日短册獻上之

一正親町様ゟ御使　　松永權守

右ハ過刻御出御挨拶之事

宇和島

一御對面　　林九（玖）十郎

○九日巳　晴

一府中驛御出陣卯半刻

一正親町中將様御使　　喜多村雅樂

一西四辻大夫様御使　　岸監物

一河鰭大夫様御使　　森田内藏

一穗波三位様御使　　阿邊宮内

右ゟ當驛棒鼻迄御見立之

一 久能山
　德音院代僧
　　了因房

一 瀧脇丹後守内
　　稲葉左太夫

一 曾我主水内
　　新井猛之助

一小吉田　御小休

一 同
　　佐野行藏
　秋山虎之助家來
　　小林三郎兵衛

一江尻宿　御小休

一

同
　小林嘉七
酒井采女家來
　堀江勘兵衛
清見寺代
　龍澤院
龍雲院代
　眞如寺
榊原越中守家來
　興津喜多郎
田上寛藏手代
　福永忠太郎

一興津宿　御晝休

一

一倉澤村　御小休

一獻上　梨七ッ

金五十疋御返し被下

一

榊原越中守家來

野々村守人

田上寛藏手代

青島八郎

五井弘之助內

蜷川運平

倉澤村御本陣

川島勘兵衞

榊原越中守家來

藤田鐵三郎

由井鄉右衞門

一由井宿　御小休

一蒲原宿　御著陣未半刻

藤堂藩
三宅源藏
吉村長兵衞

一御機嫌伺

本堂内膳家來
鎌田七郎
横手惣五郎

○十日午　晴申刻比ゟ雨

一
右ハ江戸探索之義以書取言上之
但書取御手元へ上ル

一太政官ゟ御狀箱御到來宿送狀如例

一大總督宮參謀方ゟ御狀箱御到來之

一蒲原宿　御出陣辰刻

榊原越中守家來
　小笠原卯之助
　興津喜太郎
　鈴木熊次郎

秋山虎之助家來
　小林源助

一途中へ出ル

駿州駿東郡
八幡村陣屋詰
久世三四郎家來
　堀口粂藏

一岩淵村　御小休

岩淵村御本陣

一獻上　赤飯

栗こ餅　次一同へも出ス
金貳百疋御返被下
一途中ゟ出ル
一富士川　御渡
一元市場村　御小休
一獻上　ふり酒
金五十疋被下
御兩卿ゟ
一途中ゟ出ル

齋藤億右衞門
杉浦桂之進家來
島田良藏
元市場村御本陣
遠州屋直兵衞
秋山虎之助家來
山川莞爾
松平采女家來
芹澤孝平

一吉原宿　御晝休

一増山對馬守殿入來

　右御面會之

一途中ゟ出ル

一柏原村　御小休

一獻上　ゐうばう小十本

　金百疋御返し被下

山口内匠内

　長谷川惣左衞門

大久保中務少輔家來

　市川元八

　奥村權六

三寶院御門主御末流

　寶壽院

柏原村御本陣

　浮島利右衞門

御兩卿ゟ

一御機嫌伺

一途中ㇾ出ル

一原宿　御小休

一獻上　交肴

戸田松三郎内
飯島彌平太
内藤駒次郎家來
竹田善左衛門
日向小傳太内
鈴木新吉
大久保加賀守家來
山崎藤八郎
手代
河野角左衛門
原宿御本陣

金百疋御返し被下　　渡邊平左衛門
御兩卿ゟ
水野出羽守家來
　栗原與吉
一途中へ出ル
一沼津宿御著陣申刻　　沼津宿御本陣
一獻上　か海鋒
　　金〔マヽ〕　　清水助右衛門
三寶院御門主御末流
一御機嫌伺　　寶壽院
一岩淵村元市場村ノ合松岡村ト申所ニて藤堂鐵炮火藥積候地車少下リ坂ニて如何之過ニ哉火藥發シ同村諸道具持出大ニ動搖いたし候由承ル
〇十一日未　晴
一横濱へ木梨精一郎出立ニ付爲見立當宿棒鼻迄御使被遣候之但御使中澤

外記勤ム

一兩參謀出張中之肥後藩物頭安場一平藤堂藩物頭吉村長兵衛右兩人ヘ跡參謀被　仰付候事

一手島厚之助義木梨精一郎横濱へ罷越候ニ付木梨附屬被仰付直樣出立候事

一尾州藩佐藤由吉ヘ先達靜寬院宮樣へ御狀箱御差立之處只今請取書持歸候由之處御落手之

一御出馬午刻過

右ハ城外馬場へ被爲成候事

大久保加賀守内

畔柳助七郎

一御機嫌伺

〇十二日申　晴

一多羅尾織之助ゟ紙面到來左之通

一筆致啓上候
少將樣益御機嫌能被爲成御座恐悅至極奉存候然ハ先般御沙汰之趣
ヲ以上京仕候處當月朔日
太政官代於內國局是迄之通相心得民政租稅取建等心配可仕旨被仰
渡難有仕合奉存候右御禮申上度如此御座候御序之砌可然御取成奉
願候恐惶謹言

多羅尾織之助
光　　弼（花押）

三月五日
伊　藤　左　近樣

一靜寬院宮樣御附
おふち樣ゟ御狀箱御到來
以飛札致啓上候然ハ
靜寬院宮御附おふち殿ゟ封狀箱壹ツ被差出候間差立申候御披露之

儀宜御取計可被下候以上

東海道神奈川宿ゟ
静寛院宮様御附
番之頭
榊原鐘藏印
吉川圭三郎印

伊藤釆女様
小林彈正様

添觸

油紙包
一封狀箱　壹ツ

右ハ
静寛院宮様御用ニ付御附女中ゟ橋本少將殿御旅館迄不限晝夜繼送

可申候

三月十日

堤　藤太夫印

東海道神奈川宿ゟ

御旅館迄

右宿々問屋

年寄中

一尾州藩士岐市右衛門ゟ紙面到來

一筆啓上仕候然ハ今般益御機嫌能御下向被遊御座目出度御儀奉恐悦候然ハ今般山田藤太夫儀大總督宮様ゟ御内命被爲在候ニ付急行爲致候間

拜謁之儀御取計可被成下置候様仕度奉願候以上

三月十一日

先鋒

大總督宮様附屬

御總督樣

御用人衆樣

尾藩

土岐市右衞門

右到來之處直樣本人に

御對面之

一山田藤太夫ゟ帋面到來

以手紙啓上仕候然ㇾ私義仍

大總督宮御用御旅陣へ伺（候）公仕候處御目見被　仰付御用談首尾能申

上冥加至極難有仕合奉存候御禮之義御序之刻可然御取成奉賴候以

上

三月十二日　　山田藤太夫

伊――

以手紙啓上仕候然ㇾ御用中當驛宿陣之義左之通御座候此段被仰

上置可被下奉賴候以上

三月十二日　沼津横町
〆　徳田屋定助
伊———　山———

備前藩
雀部八郎
宮崎謙二

一
右ハ先鋒同藩江彈藥運送ニ付御印頂戴相願昨日被下置候處今日運送重役之者著ニ付頂戴爲仕候付右御禮其筋之者罷出可申筈之處運送方差急候ニ付右兩人ゟ御禮申上候以上

御兩卿江御機嫌伺候處
御對面之

一箱根山中御小休御本陣笹屋助左衛門ゟ由緒書出ス左之通
御小休御由緒書

橋本御殿様
御姫君様
文政戊年三月廿四日御下向
日光御用
橋本宰相様
天保四巳年四月廿二日御登リ
御雜掌
橋本中納言様
中村主水様
天保八酉年八月廿五日御下リ
同年九月十六日御登
御雜掌
橋本大納言様
和田右兵衞大尉様
文久元酉年十一月十一日御下リ

同年十二月十八日御登

乍恐
書面之通　御小休被爲
遊難有仕合ニ奉存候何卒此度之義も不相替御先例之通拙宅へ御小
休被爲仰付被成下置候樣幾重ニも厚奉願上候右此段御聞濟被成下
置候得ハ乍恐家内祈禱ニも相成重々難有仕合ニ奉存候委細奉願上
度奉愚札捧如斯ニ御座候恐惶謹（マヽ）

辰
三月十三日　　　　　　山中
　　　　　　　　　　　御小休
　　　　　　　　　　　御本陣
　　　　　　　　　　　笹屋助左衛門印

橋本御殿樣
御掛リ

御役御衆中樣
御願上
三ツ家
一
御小休
御本陣
松雲寺
右御小休願出ル
一正親町樣御內喜多村雅樂ゟ紙面到來
一
獻上
沼津御本陣
懷中おんざい一箱
清水助右衞門
金百疋御返し被下
御兩卿ゟ
一當所海邊ニ鐵炮打土橋同道ニて罷越ス
〇十三日酉　晴
一多羅尾へ返書出ス左之通

但藤尾乘平へ序ニ達呉候樣賴ヲク
御札致拜見候然ハ當月朔日
太政官代於內國局民政租稅取建等先是迄之通被蒙
仰候由委細御紙面之趣早速遂披露候處珍重思召候此段御報可申入旨
被仰付候條如此御座候恐惶謹言
三月十三日　伊藤左近
多羅尾織之助樣
一大總督宮樣ゟ御封狀御到來之
一　伊州藩
須知健輔
隅野丈之進
右ハ
靜寬院宮樣御使おふち樣御登ニ付御道中無御差支御通行之御印章

御使ニて罷出候處箱根之向ふニて御見請申候付差出番之頭ゟ請取

書取之只今罷歸候旨御届申上候事

番之頭ゟ請取書出ス御落手之

覺

一總督府ゟ之御印章幷御添狀とも都合貳通右之通慥ニ受取申候爲

念如此御座候以上

三月十三日　　榊原鐘藏印

吉川圭三郎印

須知健輔殿

隅野丈之進殿

一　　堤徳三郎

右ハおふち樣只今當驛へ御著此段申上候由之

一御出馬酉刻

右ハおふち樣御旅宿へ被爲成候事
一有栖川宮樣御內山本伊豫守へ西ノ丸玉島ゟ封狀箱壹ツ　右も名前へ達
吳候由ニておふち樣ゟ御直ニ御渡シ受取候事
尾藩
水野彥三郎使
一　　　　　　　　　　　　　　　岡崎沖次郎
右ハ關東ゟ封狀箱壹ツ持參之處直御返書御差立之事
口述
紙封壹中山攝津守ゟ被差越候ニ付爲持上申候可然御取扱可被成
下候以上
三月十二日　　　　　　　　　　　水野彥三郎
伊藤左近樣

○十四日戊　晴

一昨夜おふち様ゟ御托し有之玉島ゟ
有栖川宮様御内山本伊豫守へ之封狀壹ツ
一當十二日正親町様御内喜多村雅樂ゟ紙面到來ニ付返書
右二タ廉合封ニいたし夫々達方之義大總督宮様御在陣先御用人宛ニて
差出ス尤今日駿府へ御用狀御差立ニ付一緒ニ御書記岡本右京少進へ相
賴ム
一今朝駿府表
大總督宮様ゟ琉球包壹御繪符付御到來之
但會計局ゟ之添狀如例
一京都軍務局ゟ油紙包狀箱壹ツ御到來之
但當月八日附右局ゟ宿送狀付添
一御出馬未刻
右ハおふち様御旅宿へ被爲成候事

一おふち様ゟ
　鮭貳本御到來之
一山田藤太夫ゟ紙面到來
　以手紙啓上仕候私義只今江戸表へ罷下申候御用先差急申候御暇乞
　等ニも伺（候）公仕不申此段可然御取成奉頼候以上
　　三月十四日　　　　　　　　　　　　　　　　　　山田藤太夫
　〆
　　伊━━━
一沼津當驛御本陣清水助右衞門ゟ御掛札御下ケ願度由ニ付左之如圖認め昨日
　御下ケニ相成候事

先鋒總督宿陣

先鋒副總督宿陣

右之通府中驛御本陣相願御下ケニ相成候得共附落シ此ニ記ス

一獻上　御菓子
　　銘松風　　池田庄三郎
　次一同へも到來之

○十五日亥　晴

一御出馬午刻
　右ハ濱邊ニ被爲成御家來幷藤堂藩鐵炮打試御覽夫ゟ漁師網引御覽
　申半刻比御歸陣之事

一手島厚之助去ル十一日木梨同道ニて橫濱へ罷越候處異人印鑑無御座候てハ難罷越由ニて厚之助計神奈川宿ニ逗留之由ニて今未刻比木梨同道ニて罷越候事

一堀田相模守殿
　水野左京大夫殿入來

右ハ御面會之

一片桐内藏之助使者

右ハ今般依　御召上京仕候ニ付當驛通行之儀以手控伺之處思召無之旨御答之

龜山藩

一御機嫌伺

名川力輔

吉田藩

遊佐十郎左衛門

岡野雄之丞

○十六日子　晴

一輪王寺宮樣今日當驛御通行之旨問屋役人ゟ申出ル

日光御門主使

一

自證院大僧都

右ハ御機嫌伺且
御門主當驛御通行御屆之事

一御機嫌伺　大久保加賀守家來
竹内銓太郎

一　秋山虎之助家來
小林角右衛門

右ハ虎之助御機嫌伺參陣之儀伺出候處勝手次第罷出候樣御答之

一大總督宮樣ゟ御狀箱壹ツ御到來之
但添狀壹通宿々問屋ゟ刻付帳面壹冊添

一海江田武治今日甲州ゟ罷歸候事

○十七日丑　晴

一今度御進發ニ付途中ニて問屋ニ不用之宿駕多分申付上ケ錢なと取候者も有之由先達而駿府御滯陣中

大總督府參謀正親町中將樣ゟ御咄有之右ハ
御兩卿御家來等ニハ右體之義ハ有之間敷旨一應御答被置候得共猶相糺
候樣被　仰付候ニ付夫々嚴重取調候得共一切無之候ニ付其段申上候處
正親町中將樣へ屹度御答被遊候由其後右不速（束）之取計いたし候者ハ先達
而四日市驛ニ而被罰候滋野井樣ニ附從之暴徒之由相分リ御先方御取調
少々行違之段御斷有之候付御安心ニ被　思召候段御沙汰有之候處右駿
府御滯陣中同所二丁町与歟申遊所ニ御本陣中より罷出如何之擧動も有
之由昨日
大總督府參謀御役より被仰越候ニ付嚴敷取調候得ハ御兩家下部之内ニ
ハ遊興ニ罷越候者有之乍然法外之所業等ハ無之趣ニ先相聞候付以後之
處格別嚴重申渡候處夫々ゟ左之通書付差出ス
一今度御供中身分不束之義等無御坐樣被　仰渡之趣堅相守御奉公仕
御不爲ニ可相成義等毛頭不仕候假令如何程御長陣相成候共決而不束之

義不仕銘々相愼互ニ和熟心付御爲第一ニ相勤申候自然違背仕候者如何
様之可奉蒙
御嚴罰をも仍誓書奉差上處如件
慶應四年辰三月

手島厚之助
正孝（花押）
手島敬之助
正明（花押）
岡本帶刀
清澄（花押）
小林主税
政房（花押）

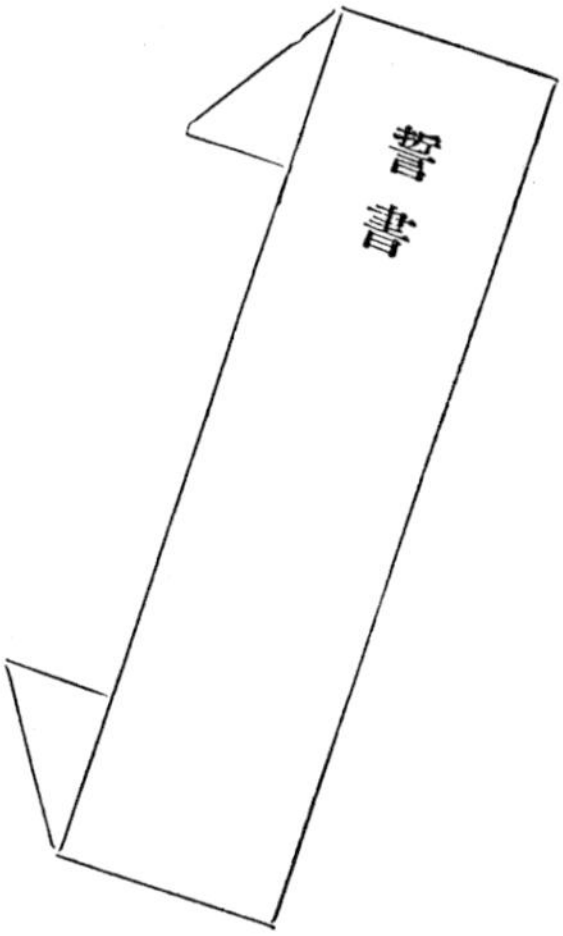

伊藤左近殿

乍恐奉差上候一札事

橋本實梁陣中日記（明治元年三月）

一今度御旅行之義御大切御用先之義ニ付不都合之儀無之樣兼而被　仰渡
も有之何レも承知奉畏罷在處今度嚴敷被
仰渡之趣奉畏候以後猶更相心得勿論猥他出等ハ不仕樣嚴重ニ可仕候自
然此末心得違仕不奉公仕候歟又ハ不埒之義相働候者有之候節ハ如何樣
之蒙御察當候共毛頭申分無御座候依爲後日奉差上候一札如件

慶應四戊辰三月

橋　山田源兵衛印

柳　中村德藏印

盛源助印

河非恒治郎印

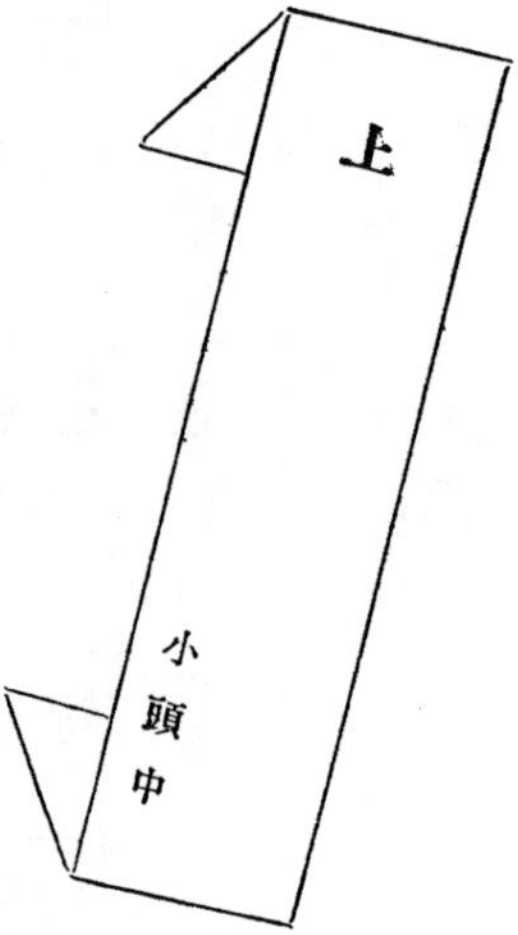

伊藤左近樣

土橋對馬守樣

御兩家下部ゟ

乍恐奉差上候一札之事

一今度御旅行之義御大切之御用先之義ニ付御家來中不都合之義無之樣兼而被　仰渡も承知奉畏罷在候處今度達御聞候義も御座候ニ付御嚴敷被　仰渡之趣奉畏候以後猶更相心得候御奉公御大切ニ相勤候義勿論猥リ他出等ハ不仕候樣嚴重ニ可仕候自然不奉公御仕切歟又ハ不埒之義相働候者有之候節ハ如何樣之蒙御察當候共毛頭申分無御座候猶小頭衆ゟ奉申上候通違背仕間敷候依而爲後日奉差上候一札如件

慶應四戊辰三月

豐吉

佐吉

卯之介

德藏
啓造
鶴吉
宗七
彌助
宇之助
茂吉
萬吉
政右衛門
寅吉

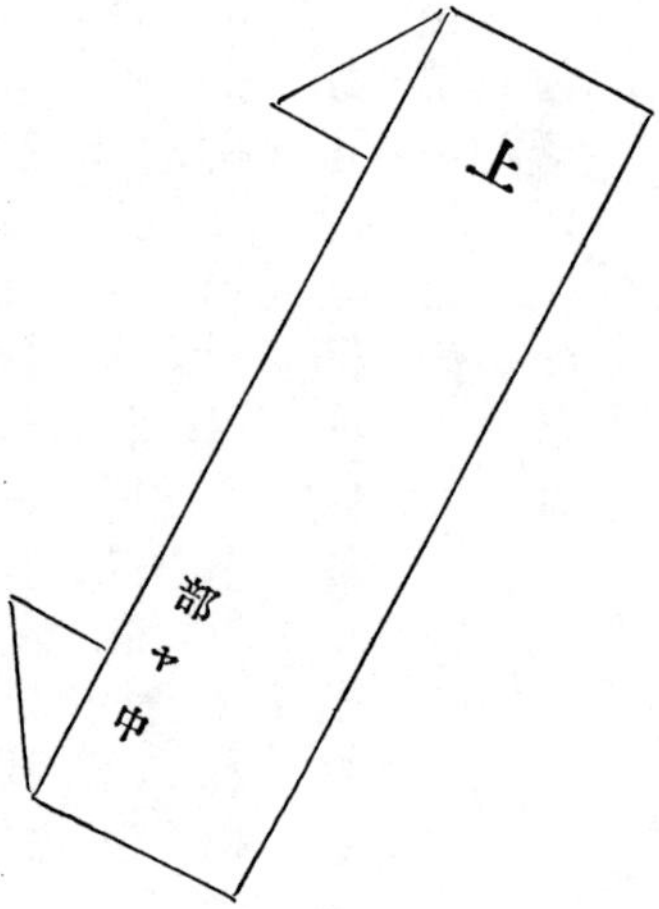

伊藤左近様
土橋對馬守様

○十八日寅　晴酉刻頃ゟ雨夜風雨

一御殿ゟ去ル十三日出御書今未刻過著
役所ゟ書狀　爲――狀壹通　小林ゟ狀壹通來著但先達申遣候御召物類來
一太政官代ゟ同日出油紙包御到來之
　但宿送狀如例
一天機伺幷
御兩卿ヘ御機嫌伺　　　岩城左京大夫
○十九日卯　晴
一柳原侍從樣今巳刻御供揃ニて甲府表へ御進發御見立爲御使爲迪當驛棒
鼻迄罷出候事
　但御進發ニ付御有合御酒肴被進御家來一同ヘも被下其節のしかちく
り被進候之
一所勞ニ付肥後藩醫師內藤泰吉へ診察相賴ム　　吉田藩

一御對面　遊佐十郎左衛門

沼津藩重役
土方織部

一同斷　本堂内膳家來
横手彦四郎
兵藤雷太郎

一御對面　尾州斥候役
川合定吉

右ハ御内御警衛尾州藩江原鍋吉壹人之處以後定吉与兩人ニて御警衛仕候由之

一獻上　しほあち貳尾　御本陣
御次ニも鮓壹臺贈ル　清水助右衛門
金百疋御返し被下

〇二十日辰　晴夜大雨

一御機嫌伺　　尾州斥候役
　　　　　　　川合定吉

　　　　　　　相州湯本
　　　　　　　早雲寺家來
一　　　　　　相川民部

　　　　　　　久五郎弟
一天機伺幷
　御機嫌伺　　船越柳之助
　　　　　　　附添柳之助家來
　　　　　　　金子東一郎

　　　　　　　岩倉殿御内
一　　　　　　平川和太郎
　　　　　　　長藩

木原又右衞門

右ハ東山道御總督より之御文持參之處

御對面之

一天機嫌(マヽ)伺幷　戸田松太郎

御機嫌伺

一　巨勢大隅守

口上覺

今般私義上京仕候ニ付

天氣御伺奉申上候幷

御總督樣御機嫌御伺奉申上候此段宜御披露奉願候以上

三月廿日　巨勢大隅守

但御對面無之

一御機嫌伺幷　水野出羽守家來

御用伺

重役
土方織衞

久世三四郎家來
重役
井上澤右衞門

一同斷

一軍防局ゟ油紙包御狀箱今未半刻比御到來之宿送幷宿方斷書添
此油紙包狀箱壹東海道總督府〻來ル二十日迄ニ可相屆者也
慶應四年三月十六日未刻
軍防局
右宿中

乍恐以書付奉申上候

一油紙包御狀箱壹ッ
宿御送壹通

軍防局様ゟ

東海道鎮撫

御總督府様へ被爲遣

右ハ三月十八日酉中刻白須賀宿より奉請取候處東風雨强今切海上高浪殊ニ闇夜ニて御渡船難相成候ニ付乍恐奉御留候處追々風雨相止海上静ニ相成候ニ付同夜寅半刻舞坂宿へ御渡船仕候依之此段乍恐書付ヲ以御斷奉申上候以上

辰三月十八日

新居宿問屋

九郎助印

東海道鎮撫

御總督府様

御役人御衆中様

一天機伺幷

蒔田鐐太郎

御機嫌伺
一おふち様ゟ今子半刻頃御狀箱御到來之
但名宛澁谷三左衛門ゟ爲迪宛使西崎又左衛門持參
○廿一日巳　晴
水野出羽守家來
一御機嫌伺
服部純平
相州湯本
一
早雲寺
右ゟ御機嫌伺として
獻上　長芋壹臺
次一同にも同樣到來之
一天氣伺幷
御機嫌伺
內藤駒次郎

○廿二日午　晴

一參陣　青山内記
同家來　山脇嘉右衛門

口上

今般私義上京仕候ニ付
天氣御伺奉申上候幷
御總督樣へ御機嫌伺申上候此段宜御披露奉願候以上
辰三月廿二日　青山内記

一御機嫌伺　吉田藩　遊佐十郎左衛門
一　松平主稅頭家來　師川源五郎

浦上助五郎

右ハ中山道御總督樣へ願書差上候處先東海道御督(マヽ)樣へ相伺其上ニて

大總督樣へ可差出候御沙汰ニ付宜御差圖相願度由之處何之思召も

不被爲在勝手次第可差出旨御答之

一御機嫌伺

石川閑翁使者

名川縫記

龜山藩

名川力輔

一御機嫌伺

豆州三島宮神主

矢田部式部

代忰

矢田部鶴次郎

一御出馬午刻
右ハ城外馬場へ被爲成候之
○廿三日未　雨
相模國阿夫利神社祠官
白川家配下
一獻上　山葵一臺　内海式部大輔
外ニ　山田平馬
御守獻上候得共　御服中ニ付御返し被遊尤山葵も再應御差返し候
得共　社領産物之儀殊ニ遠路持參ニ付何れとも獻上仕度相願心底
難默止被思召御請被遊追而御返し物被下候思召之
右ハ官軍御進發ニ付御祈禱仕祭文其外書付三通差上候處神妙之志御感
被遊御凱陣後被遊
言上候段申渡書付ハ御留置之旨是又申渡候樣被仰付候付其段申渡候處

誠ニ以冥加至極難有仕合ニ奉存候右社家惣軒數百三十計之内白川殿配下之分八十軒有之國學者平田大學門人劔道ハ千葉周作門人宇田川太郎取立ニて若手之者凡三十人計有之候付相應之御用相勤度志願ニ付在所最寄
御進軍之節御警衛引續御供被仰付度旨申立候ニ付猶又申上候處參遠駿之内有志之者御渡船場其外御道筋ニ罷出御警衛いたし候儀も有之彼赤心隊抔之類ニ候付御途中へ御出迎之御警衛ニ罷出候儀ハ勝手次第ニ候得共御供儀ハ難被遊御卽答御用之節ハ御呼出ニ可相成呉々神妙之至御滿足ニ被思召候段可申渡旨被仰付其段申渡候處難有仕合ニ奉存候段御禮申聞候ニ付其段申上置候事
但今日御對面可被遊候處御用多ニ付不日小田原邊御進軍之砌御對面被遊候旨被仰候ニ付其段も申渡其節御返し物被下候積
本多美濃守家來

一　　　　　　　　　　　　中村直之進

美濃守儀去冬上京仕候樣被
仰出候ニ付速ニ出立可仕候處兼々持病喘息ニ而難儀其上癎症疝積ニて腰痛起居難相成一旦重體罷成種々療養差加候得共急ニ旅行等難仕無據延引罷在候然ル處此砌ニ至リ少々快方罷成未歩行等難相成候得共此程同氏平八郎上京被仰付發足仕候ニ付在所表手薄ニも相成候間爲取締乍難澁押而發足仕罷越申候依之恐多被奉存候得共名代以使者奉伺
天機候而も不苦儀ニ御座候哉此段奉伺候以上

二月廿三日　　　　本多美濃守家來

中村直之進

右書付差出候處勝手次第可罷出旨被　仰付候其段申渡

本多美濃守

一天氣伺幷
御機嫌伺
但手控差出

名代使者
大野十郎左衛門

一
右ハ采女儀明廿四日當驛通行ニ付參陣
御機嫌伺不苦哉伺出不苦段御答之

酒井采女家來
堀江甚兵衛

一柳原侍從樣ゟ御文御到來之
但甲州川口村より御差立加州藩之內上京之者有之右之仁持參之

水野出羽守家來
重役

一御機嫌伺

服部純平

一　石川又四郎

口上覺

今般私義采地駿州庵原郡草ヶ谷村ゟ著仕候ニ付
天機御伺奉申上候幷
御總督樣へ御機嫌御伺奉申上候此段宜御披露奉願候以上

辰三月廿三日　石川又四郎

一先達木梨精一郎之馬ヲ藤堂藩士分之内借用ニて乘かけ追ニ而鞭打候由之處木梨別當追懸此方主人之馬ニ鞭打候段不埒之義抔ト申懸候ニ付藤堂藩段々相斷候得共一向不聞入ゟとすら相斷漸事濟候由承候處其後藤堂藩國元へ差返しニ相成原宿迄罷越候處何か存寄も御坐候由猶又當宿へ立返り一昨廿一日夜切腹いとし候由承ル

尾藩

一御對面　水野彥三郎

大久保加賀守内
畔柳助七郎

一右者明日一橋大納言殿當驛御通行其節重役ゟ
靜寛院宮樣御書持參仕候間各方より御受取可被下候由申來候事

土井大炊頭使者
近藤孫四郎

一今般御一新ニ付主人大炊頭勤
王一途ニ相心得共(マヽ)爲報國勉勵仕度志願ニ付國力相應之御用相勤度
心得罷在候處去冬
王命ニ付當春右爲御請重役小杉監物と申者上京爲仕其後早速上京
可仕候處重役來次傳四郎与申者爲名代爲上京仕置其後精々加養仕
候處此節少々快方ニ趣
王命不輕儀ニ付押而上京可仕与發途仕候處今般

御總督樣御下向被爲在候付而ハ
天氣奉伺度此段奉願上候以上

土井大炊頭家來
近藤孫四郎

三月廿三日

御參謀方

御役人中樣

右書付出ス

○廿四日申　晴

一

一橋大納言殿家老
都筑但馬守

同道

大久保加賀守内
畔柳助七郎

右之
静寛院宮様ゟ御文箱持参之処御落手之
但御文箱御返却之事
一土井大炊頭殿入來
口上
今般私義上京仕候ニ付
天氣奉伺度候并
御總督様へ御機嫌も奉伺度候此段宜御披露奉願候以上
三月廿四日　土井大炊頭
一明廿四日當驛御進發ニ付人足手當之儀左之通書付認メ參謀へ相達ス
一御裝束櫃　壹棹
此人足四人
一御輿

此陸尺人足六人

一御兩掛　三荷

此人足三人

一御長持　四棹

此人足拾人

一沓籠　貳荷

此人足貳人

一御幕持　貳人

一御旗棹

此人足壹人

一宿駕　四挺

此人足八人

外ニ

用意人足拾人

右

水野出羽守家來
重役
土方織衛
酒井采女

一御機嫌伺
一天氣伺幷
御機嫌伺

伊豆國田方郡修禪寺村
禪曹洞宗
修禪寺

一
今般拙僧儀
天氣御伺奉申上候幷
御總督樣へ御機嫌御伺申上奉候此段宜御披露奉願上候以上

辰三月　　　伊豆國田方郡修禪寺村

禪曹洞宗

修　禪　寺

一今朝京都ゟ之御便有之

御殿へ過日御返書被進幷役所ゟ之返書爲―ゟ返書小林ゟ狀壹通差立候之

但本便ハ昨日

柳原樣御文持參之加州藩上京ニ付御賴之

藤堂藩

一　　福泉内藏之丞

外ニ壹人

右ハ今日ゟ御旗奉行被　仰付候此段御屆申上候以來御差圖宜願上候由之

一明日當驛御進發ニ付御本陣清水助右衛門ゟ爲餞別懷中だんざ以壹箱到來之

吉田藩

遊佐卜郎左衛門

一御機嫌伺

一參陣

井戸金平

口上覺

今般私義采地駿州庵原郡梅ヶ谷村へ土著仕候ニ付

天機御伺奉申上候幷

御總督樣へ御機嫌御伺奉申上候宜御披露奉願候以上

辰三月廿四日

井戸金平

御本陣

一獻上

鯛一尾

清水助右衛門

右ハ過日御染筆相願候處今日御認め被下候ニ付御禮申上候事

一　池田福次郎使者

私義被　仰出候趣ニ付本家池田備前守内諭之義≪有之候ニ付京都へ罷出勤
王御用筋厚相心得申度奉存候ニ付家族幷家來共召連出立今廿四日
爰元到著仕候此段御屆申上候間御差圖奉願候以上

三月廿四日　池田福次郎

一今亥刻
御殿御役所へ手紙差立候事
但石原清一郎手代ゟ願之義返書出ス

○廿五日酉　晴

一沼津宿御出陣卯半刻　水野出羽守家來
重役

一途中ゟ出ル　　　　　　　　　　　服部純平

一　　　　　　　　　　　　　　　　清水要人

一三島宿　御小休　　　　　　　　　世古六太夫

一献上　玉子一箱　　　　　　　　　三島宿御本陣

金百疋御返し被下　　　　　　　世古六太夫

右六太夫方先年

殿様御小休之節御染筆相願候處瞻館与額御染筆之御先例も有之候ニ付此度も御染筆相願度由ニ付絹地差出幷先格之通御掛札も被下候樣相願左之通御掛ヶ札被下御染筆之儀ハ猶鎌倉ニおゐて御染筆被遊候間絹地ハ御留置被遊候とし被仰付候ニ付其趣六太夫へ申渡御掛ヶ札遣ス

先鋒總督小休

一參陣　　　　　　　　　　　　　　日向小傳太

御對面

口上覺

今般私義采地駿州富士郡平垣村ニ移住仕候ニ付
天氣御伺奉申上候幷
御總督樣ヘ御機嫌御伺奉申上候此段宜御披露奉願候以上

辰三月廿五日　日向小傳太

一御對面　安藤左京

右ハ
天氣伺幷御機嫌伺之

一大原前侍從樣御使　國枝武雄

右ハ
御先鋒御用ニ付兵庫表ゟ蒸氣船ニて當廿三日橫濱ヘ御著ニ付
大總督宮樣ヘ御直書を以御用向御伺相成候間於途中先鋒　御總督

樣御見得申候ハヽ、右之段御屆申上置候樣委細之儀ハ江戸表ニて御
面會被遊候旨御口上之御承知之段御答之事
山中
濱野藤右衛門
大久保加賀守家來
代官
小川太一
手代
奥村宗造
紀藩
高井三十郎
三輪三右衛門
三寶院御門主御末流
一御機嫌伺
一途中へ出ル
一三島宿棒鼻ニ出ル

沼津
寶壽院
水野出羽守家來
石川六三郎ゟ出ス

一御發途ニ付小隊一組率連三島宿迄御先拂仕候以上
三月廿五日
水野出羽守家來
石川六三郎
水野出羽守家來
者頭
鈴木彌一左衛門
小頭壹人
久世三四郎家來
加藤金次郎

一途中へ出ル

一三ッ谷新田　御小休
一長坂村　野立
一山中新田　御昼休
一献上物左之通

紀州
福岡太郎八内
熱川五平
酒井釆女家來
相澤又右衛門
大久保中務少輔家來
布川宗兵衛
布川元八
御先拂貳人
松雲寺
笹屋助右衛門
山中御本陣

笹屋助右衛門

御獻上之御品御目錄書

一御寒晒團子

一御强飯

一御にしめ

一御海老　五

一御九年市（母）

以上

三月廿五日　山中御本陣

笹屋助右衛門

金貳百疋御返し被下　次へも强飯餅出ス

一獻上

肴も　次へも出ス

金五十疋御返し被下　濱野藤右衛門

一獻上　寒晒團子　　　宗閑寺
かき
金五十疋
御返し被下
一箱根　御著陣未刻　　　天野平左衛門
一獻上　しほほじ貳尾　　　箱根御本陣
次へも酒肴出ス　　　天野平左衛門
金貳百疋
御返被下
一獻上　しほほぢ貳尾　　　御出入
次へも酒肴出ス　　　箱根御本陣
金貳百疋御返被下　　　又原彌五左衛門

一當御本陣天野平左衛門ゟ御掛ヶ札御下ケ願ニ付先格之通認メ御下ケ之事

但其節御染（筆脱カ）相願候事

一　　又原彌五左衛門ゟ出ス

御由緒

一橋本中將樣

寶永七寅八月四日御下御休

御役人渡邊主膳樣

同年九月四日御登御休

一橋本前大納言樣　御用達御判鑑

御紋付御燈灯拜領

被爲　仰付候

天明六年十月十九日御下御休

御役人和田左門様
同年十月廿九日御登御休
一松姫君様　御役人東條左中將様
諏方亘様
一橋本公様　御用達御木札壹枚
被爲仰付候
天保九戌四月廿一日御登御休
一御姫君様　御役人大塚十三郎様
同十五辰二月三日御下御休
一橋本宰相様
萬延二酉十月十一日御下御休
同三戌二月廿四日御登御休
御役人後藤陸奥守様

井上（マヽ）
長谷川監物様
廣瀬刑部様
森　内記様
入江奉（マヽ）膳様
高木兵庫様

一同侍従様
同　二酉十月十八日御登御休
右書付差出御掛札御下ヶ願候付左之通御下ヶ被遣　但明朝御小休
振合之

橋本少将殿小休

酒井銈次郎殿

一　名代酒井鐵三郎殿入來

酒井鉎次郎義從
朝廷上京可仕旨被
仰出候處幼年其上病氣ニ付先爲名代重臣之者差出置
天氣伺
御元服獻上物等ハ相濟候得共少々ニても病氣快方ニ候得ハ上京仕
度候得共今以同篇ニて急ニ在所表出立も難仕候ニ付爲猶又名代屬
分家私義上京仕候ニ付奉伺
天氣度此段奉願候以上

三月廿五日　酒井鉎次郎

名代　酒井鐵三郎

幷
御總督樣へも御機嫌伺候之

一御機嫌伺
大久保加賀守
家老
吉野　圖　書
留主居同道
關　一　薦

一御對面
沼津藩
重臣
黑澤彌兵衛
小林　貫　一

一御機嫌伺
大久保中務少輔家來
原田藤十郎

一
大久保加賀守使者
孕石帯刀
此度
御親征被
仰出候ニ付遠路御下行益御機嫌能被成御旅行恐悦奉存候今日當驛
御著陣被成候付御機嫌奉伺候之樣加賀守申付候依之以使者申上候
御序之節可然樣御執成奉頼候
大久保加賀守使者
孕石帯刀
相州湯本
早雲寺家來
相川民部
一御機嫌伺
一參陣
長崎熊之丞

今度私義采地駿州庵原郡楠尾村へ移住仕候ニ付
天氣御伺奉申上候幷
御總督樣へ御機嫌御伺奉申上候宜此段御披露奉願上候以上
慶應四辰年
三月
長崎熊之丞
御室御所直末
筥根權現別當
金剛王院

一御機嫌伺幷
御用伺
一今戌半刻比
大總督參謀方ゟ御狀箱御到來之
○廿六日戊 晴
一箱根宿御出陣卯半刻

大久保加賀守家來

一途中ゟ出ル

一畑　御小休

献上　餅

金五十疋御返し被下

一参上

代官　小山才治

同手代　鈴木文次郎

同郡奉行　大久保彌太夫

畑御本陣　茗荷屋畑右衛門

後奈（良既カ）天皇

御帝拜所

湯本　早雲寺

一湯本　御晝休
　獻上　勝軍木御箸貳
　　金壹朱御返し被下
　別段
　　金百疋被下是ハ温泉御入湯被遊御供之面々も入湯以致し候ニ付思召ニて被下

湯本
一參上　早雲寺
　獻上　山葵壹臺
　　次へも同樣到來之

大久保加賀守家來
用人
一御機嫌伺　服部與惣兵衛
大久保加賀守家來

一途中ゟ出ル

一小田原宿御著陣 未刻

一御對面

一同斷

一御著恐悦幷
　御用伺

代官 木内諸治

同手代 林辨次郎

　久保田甚四郎

湯本 早雲寺

濱松侍從家臣 名倉予何人

小田原宿町年寄 小西治郎左衛門

　今井德左衛門

清水伊十郎

一進上　大久保加賀守使者

鯛　一折　山本主計介

御樽代白銀百枚御請無之御返却ニ相成

手控

此度

御親征被

仰出候ニ付遠路御下向益御機嫌能被成御旅行恐悦奉存候今日當所

御著陣被成候付奉伺御機嫌候之様加賀守申付候依之以使者申上候

付目録之通進上之仕候御序之刻可然様御取成奉願候

大久保加賀守使者

山本主計介

一大久保加賀守殿入來

右ニ御面會之

一大久保加賀守殿へ　　御使　中澤外記

過刻ニ

天機御伺幷少將殿御安否御尋として御入來忝被存候右御挨拶被仰入候

今日當驛宿陣ニ付而ニ彼是御世話之儀与被存候右御挨拶被仰入候

右御口上之趣加賀守家來用人向井彈右衛門江申入候處御手厚御口上之

趣加賀守へ申聞候段申聞候付能歸其段申上候

大久保加賀守家來

家老　加藤直衛

年寄　蜂屋重太夫

用人

一御機嫌伺

一献上　紫（蘇）草巻梅干壹曲
　金五十疋御返し被下
一御機嫌伺
一同斷

向井彈右衛門
町奉行
大久保梅干介
同
加藤丈之介
同
杉山小源太
小田原宿御本陣
久保田甚四郎
原田熊太郎
大久保中務少輔家來
橫山吉右衛門
大久保加賀守内

一御機嫌伺幷御用伺　　　　　　　　　　　　　　畔柳助右七郎

一大原前侍從樣　　　　　　　　　　　　　　御使　國枝武雄

右ニ

御總督樣此後いつれニ而被遊御滯陣候哉被成御承知度由申上候處

侍從殿先鋒御用被蒙候義御總督樣へ何レ〻も御達無之ニ付何共御

挨拶難被遊旨御答之

但駿府〻歸路之由夜八ツ時頃參陣之

○廿七日亥　晴

一小田原宿御出陣卯半刻　　　　　　　　　大久保加賀守家來

代官

入江良右衞門

一同所棒鼻へ出ル　　　　　　　　　　　同手代

同家來
高濱卯三郎
同
須藤愼助
同
村松蛭次郎
大久保加賀守家來
代官助
村山萬兵衛
同手代
坂田喜三藏
梅澤御本陣
松屋作右衛門

一梅澤手前ゟ出ル

一途中迄御出迎

一酒匂川ゟ出ル

大久保加賀守家來
　郡奉行
　　渡邊又之丞
同家來
　酒匂川取締役
　　高橋林八
　　本庄沖之助
同
　川世話役
　　瀬戸大藏
　　堀部萬之助
　　配島熊五郎
同

一梅澤　御晝休
　獻上　目むる貳尾
　　金百疋御返し被下
一大磯宿　御小休
　獻上　五色小石
　　金五十疋御返し被下
一岩倉侍從樣御使來ル由

代官
　青木駒藏
同手代
　津山卯之助
御本陣
　松屋作右衛門
御本陣
　小島才三郎
大久保加賀守家來
家老代

一平塚宿棒鼻ニ出ル

竹内藤左衛門

用人　酒井田織衛

郡奉行　酒井勝見

同家來　野崎眞六

代官　長野佐久衛

同手代　山本柳兵衛

肥後藩物頭

一同所ヘ御出迎

一平塚宿御著陣午半刻

大久保加賀守使者
近藤一學

一　手控

此度
御親征被
仰出候ニ付遠路御下向益御機嫌能被成御旅行候ニ付奉伺御機嫌候
樣加賀守申付候依之以使者申上候御序之刻可然樣御取成奉願候以
上

大久保加賀守使者
近藤一學

肥後藩
堀十郎左衞門
寺本兵右衞門

一御機嫌伺
御對面

物頭
野田彌三左衞門
大久保加賀守家來
家老代
竹內藤左衞門
大久保中務少輔家來
井戸平格

一御機嫌伺

一

當驛於
御本陣中務少輔義奉伺
天機
御總督樣御機嫌も相伺度奉存候此段奉伺候以上

大久保中務少輔家來
井戸一學

一大久保中務少輔殿入來
右ハ伺
天機
御總督樣へも御機嫌伺之事
一從箱根宿大久保加賀守殿御家來茶坊主御本陣へ相詰候事　但箱根宿ニ
おゐて付落シ是ニ記ス
平塚宿御本陣
加藤七郎兵衞
一
右ハ御掛札御下ケ願出候ニ付例之通御下ケ相成候事
酒井富之助內
佐藤鐐左衞門
一
王政御復古ニ付而ハ上京勤
王仕候樣本家若狹守隱居右京大夫當時在京中ニ付同所ゟ兼而申越

候處幼年之上久々病氣罷在彼是延引仕候處此節少々快氣ニ而御座候ニ付押而出立藤澤驛迄罷越候之間爲伺御機嫌御旅館迄參上可仕之處昨今猶又不出來ニ御坐候而難罷出御座候依之以名代御機嫌相伺且上下通行無滯仕候樣

御印鑑相願候而も可然哉各樣迄此段御內慮奉伺候宜御差圖被成下度奉願候以上

三月廿七日　酒井富之助

覺

酒井若狹守領地內分

一高七千三石餘　酒井富之助

右ハ近江國栗太郡野洲郡甲賀郡高島郡之內御座候以上

三月廿七日　酒井富之助

右書付貳通差出候事

○廿八日子　雨

一平塚宿御出陣辰刻

一馬入川御越

一途中ニ出ル

大久保加賀守家來

家老代

竹内藤左衛門

用人

酒井田織衛

郡奉行

酒井勝見

須田太郎兵衛

同家來

河野半助

一南郷村　御小休

一二ッ谷村　御小休

一參上

一藤澤宿　御晝休

一御對面

岩村欽吉

長野佐久衛

野地松太郎

代官

梅村新之丞

同手代

府川又太郎

肥後藩

佐分利加左衛門

遊行寺

遊行上人

外ニ役僧三人

肥後藩
清水數馬
外物頭四人

一同

一柳原侍從様ゟ御狀箱幷
御殿ゟ御狀箱御到來之
但備前藩雀部八郎持參之事

一御機嫌伺

大久保加賀守家來
用人
倉賀野太宮

大久保中務少輔家來
奥村權六

一同所ゟ鎌倉入口迄御先拂

鶴岡社役人
石井庄司
大澤專輔
大久保喜内
酒井富之助内
佐藤鐐左衛門

一今般爲
御總督　御下向之處私義當驛迄參著仕候ニ付
御旅館迄參上可仕之處幼年其上病氣ニ付爲伺御機嫌以使者申上候
以上
三月廿八日
酒井富之助

一玉繩村　御小休
一鎌倉鶴岡ニ　御著陣未刻
相承院

一同所入口ゟ
御本陣迄御先拂

一惣門ニ出ル

鶴岡一山使者社役人
岩瀬一學
石川掃部

鶴岡一山惣代
供僧
最勝院
神主
大伴上總介
少別當
大庭昌三
建長寺役者
長壽寺

一御對面　藤堂仁右衛門

米倉丹後守使者
重臣
今藏良左衛門

一御機嫌伺

但明日丹後守殿　天氣伺并御機嫌伺として參陣之旨申聞候

一京都軍防局ゟ油紙包箱壹御到來宿次狀文如例

○廿九日丑　雨

紀州藩
一　高井三十郎
松尾正作

右ハ今日ゟ御警衛申上候由ニ付肥後尾備藩同樣被仰付候事

但御對面之

備前少將内

一御機嫌伺　布施藤五郎
本城保

一米倉丹後守殿入來
右ハ
天氣伺幷御機嫌伺之事

一御機嫌伺　尾藩
蛯江彌左衛門

一御出馬午刻
右ハ當地建長寺鶴岡八幡宮由井ケ濱ニ被爲成候事

一大總督府參謀方ゟ油紙包御狀箱壹御到來急御用刻付之陣觸之
御留主中ニ付御出馬先ヘ爲持差上候之
鶴岡一山惣代
供僧

一御機嫌伺

荘厳院

神主

大伴上総介

少別当

大庭昌三

建長寺役者

正統庵

藤堂仁右衛門

一献上

ひらめ　一

黒小鯛　二

まを　一

よべ　七

さゞい　七

蚫　　七
海老　　三
内少々吉村長兵衛へ被下
一御機嫌伺幷
御用伺
大久保加賀守家來
用人
倉賀野太宮
一御機嫌伺
御對面
鎌倉五山
建長寺
梅干壹桶ッヽ獻上
牧長老
御次へも到來之
建長寺内舍利殿
廣幡殿猶子
華藏院
禮堂

○晦日寅　晴

一鎌倉御出陣卯半刻

一小菅谷村之内字大道　御小休

一戸塚宿　御晝休

一

一堺木村　御小休

一御機嫌伺

一程ケ谷宿御着陣午半刻

一同所棒鼻ゟ御先拂出ル

但明日も御先拂仕候由ニ

米倉丹後守使者

山口喜平治

米倉丹後守使者

河合修輔

神奈川支配定役元〆

一鎌倉より戸塚御小休所迄、
御先拂として出ル

一御對面

田中耕之進

同定廻り
淺井桂藏

鶴岡社人
石井庄司

備前侍從内
大澤專輔

隊長
原田權左衞門

備前侍從内
平井源八郎

柴岡宗伯

米倉丹後守使者

一御著恐悦申上ル

一鎌倉山ノ内ヘ出ル

重役

今藏良左衞門

米倉丹後守家來

長坂主税

山口喜平治

鶴岡一山惣代

供僧

最勝院

神主

大伴上總介

少別當

大庭昌三

米倉丹後守內

一　　　　　　　　　　　　　　　　　柴田一郎
右ハ小隊引連昨夜御宿陣より御先ニ立候且明日も神奈川宿迄御先
ニ立候間此段申上候由之
　　　　　　　　　　　　　　　　神奈川奉行支配調役
　　　　　　　　　　　　　　　　　　安田次郎吉
　　　　　　　　　　　　　　　　同定役
　　　　　　　　　　　　　　　　　　水野小太郎
　　　　　　　　　　　　　　　　同同心
　　　　　　　　　　　　　　　　　　永井與次郎
　　　　　　　　　　　　　　　　程ヶ谷宿御本陣
　　　　　　　　　　　　　　　　　　苅部清兵衞
　　　　　　　　　　　　　　　　加州藩
　　　　　　　　　　　　　　　　　　市村與吉
一御機嫌伺

一獻上　龜之甲煎餅壹箱
　金百疋御返被下

一柳原侍從樣御使

右ハ御對面之
但大塚嘉右衞門ゟ時候見舞として狀到來之
一參陣　服部中
右ハ
一同斷　島田新三郞
天氣伺幷御機嫌伺
紀藩
一　高井三十郞
松尾正作
右ハ被　仰含候御用ニ付明日出立之由
一參陣　落合鏞太郞
右ハ勤
王御用被　仰付度願書差出幷

天氣伺且御機嫌伺之

松浦越前守家來
羽鳥勇治

○四月朔日卯　晴
一程ヶ谷御出陣辰刻
一御出陣前參陣
昨晦日
御勅使樣越前守知行所內
御通行被爲　在候ニ付右爲伺
御機嫌越前守可罷出處病氣ニ付此段私ゟ奉申上候宜御執成之程奉
願上候以上

松浦越前守知行所詰
四月朔日
家來羽鳥勇治

一神奈川宿　御小休
一御對面　依田伊勢守
一生麥村　御小休　寄合大河内孫三郎
一
今般
王政復古被　仰出候ニ付勤
王遵奉仕尾張殿ゟ御請申上置候通知行所三河國碧海郡根崎村陣屋
ゟ歸邑仕候病氣罷在候ニ付此段使者ヲ以御屆申上候以上
四月朔日　寄合
大河内孫太郎
但此書付尾藩江原鍋吉ゟ差出ス
一川崎宿　御晝休　御本陣
佐藤惣左衞門

獻上　干菓子少々

金五十疋御返し被下

一六鄕川御渡

一中山攝津守ゟ紙面到來

少將樣益御機嫌能當驛へ無程御著陣可被遊樣奉伺候

靜寬院宮樣爲御使私義參上

宮樣御書を持參仕候猶又

御對顏奉願口上ニて可奉申上儀も御座候此段御申上被下御著陣被

爲在候ハヽ御案內被下候樣奉賴候以上

四月朔日　中山攝津守

（花押）

橋本少將樣御內

伊藤左近樣

一靜寬院宮樣御使　中山攝津守

右　御對面之

一神奈川宿ゟ生麦村合へ出ル

服　部　中

備前侍従内
隊長
原田權左衞門

備前侍従内
柴　岡　宗　伯

米倉丹後守使者
重臣
今藏良左衞門

米倉丹後守人數
戸　田　吾　一

江川太郎左衞門手代

富澤正右衛門
米倉丹後守内
一神奈川宿御小休所ニ御用伺　河合修輔
江川太郎左衛門手代
富澤正右衛門
一同所ニ御機嫌伺　森内膳正
一武州池上御陣所本門寺ニ御著陣午半刻
一大原前侍従様御使　荒木尚一
右　御對面之
備州
一御機嫌伺　太田萬治
森下立太郎
平井源八郎

一御對面

本堂式部丞家來
兵藤雷太郎

會計御用掛り

一當（到）著御居且
小谷惠助

御機嫌伺
礒谷小右衛門

一京都軍防局ゟ油紙包御狀箱壹ツ

一大總督參謀方ゟ　同　一

一太政官會計局判事ゟ木梨精一郎海江田武治ニ同斷壹ツ

右之通宿送ニて來ル木梨海江田之狀箱ハ即刻木梨出張先へ爲持遣候事

一柳原侍從樣御使

濱松藩
鹿　音右衛門
川島宗三郎

右ハ御狀箱御到來之處御落手之

一御對面　　　　松村忠四郎
　但江戸神明前久留米屋敷へ御著之由申上ル
○二日辰　晴
一　　　　本多吉彌
　右之勤
王御用被　仰付候御禮之
一大原前侍從樣御出
　右之御面會之
　　　　本門寺役者
一獻上　御菓子一箱　　玄如院
一柳原侍從樣今未刻前當御陣所ニ御著陣之事
一尾張大納言殿御使　　水野彦三郎
　鯛　貳尾

丹酒　貳樽
右御到來之
○三日巳　晴
一爲御買物中澤外記小頭山田源兵衞江戸表へ罷越候事
一多羅尾手代藤乘（尾脱カ）平ゟ左之通リ書付出ス
覺
本門寺
御發途
壹里餘
御小休　品川宿
壹里
御晝休　西久保
天德寺

貳十丁程

右道筋本門寺表門御出陣左へ大井原通右へ品川宿靑物横丁左へ高輪通芝田町札之辻左へ三田通赤羽根橋夫ゟ飯倉町通西久保天德寺夫ゟ右へ虎之門通外櫻田ゟ內櫻田橋

右之通ニ御座候

一昨夜中山攝津守ゟ大森産物漬物三曲到來之

一例月之通御手當金御賄ヽり引渡候ニ付奥書へ爲廻請取認調印之上差出ス

但先月ㇵ請取手形之處當月ゟ引渡書ニ奥書請取認候事ニて濟以來如此

覺

一金百兩　御總督

一金七兩　御雜掌壹人

一金五兩ッヽ　御近習五人
一金三兩ッヽ　小頭貳人
一金貳兩ッヽ　別當四人
一金貳兩ッヽ　御手廻り貳人
小以金百五拾兩
右之通御引渡申候以上
辰四月
御賄方
前書之通御渡請取申處如件
橋本少將殿家
伊藤左近印
紀伊中納言使
小田民次郎
一
右ニ御道中無御滯當地迄御著恐悅之

○四日午　晴折々雨
一御出陣卯半刻
一品川宿　御小休　　　御本陣
　　獻上　御菓子　　　鳥山金右衞門
　　　金貳百疋返し被下
　右御兩卿ゟ
一大原前侍從様御出
一御機嫌伺　　　　備前侍從內
　　　　　　　　　　柴岡宗伯
一西久保　御晝休　　天德寺
　但當寺方丈ゐ
　　御對面之
一江戸西丸御入城午刻

御兩卿玄關迄乘付田安中納言殿敷臺迄御出迎其外役々御出迎城中御樣子ハ御供方ニて一向不相分高家前田侍從霞ヶ關迄御出迎之事

但參謀ハ西丸大手ニて下馬

右相濟直　御歸陣掛

西久保　御小休　　天德寺

天德寺御小休へ　　松平大和守家來

一御機嫌伺　　小河原左宮

同道

岩倉彌右衞門

一品川宿　御小休　　鳥山金右衞門

一本門寺へ　御歸陣申刻

上杉彈正大弼家來

堀尾保助
松本誠藏
一
右ハ京都より
殿樣御文持參
但江戸表ニおゐて中山攝津守申上候儀有之京都へ罷出
殿樣被申上候處右一條ニ付御文御渡被遊候ニ付持參仕候由之
一官軍　七拾三人分
御印
右ハ兵士此節相増候ニ付御渡相成候樣仕度依而奉願候以上
四月　尾州藩
右書付書記稻波内舍人相渡願之通相渡候樣　御命有之候付卽刻右員數
同人へ相渡ス
一東山道總督府ゟ之御狀箱壹ツ
一北陸道總督府ゟ之御狀箱壹ツ

右御使相勤候樣濱松藩へ申達坂主善五郎へ相渡ス
但東山道御總督ニ板橋宿北陸道御總督ハ千住宿邊御在陣ニ付其旨相
心得可申尤今晩出立可致儀ニ候得共夜分之義ニ付明曉天出立ニても
可然旨　御內御沙汰ニ付其段も相達

一獻上　白銀五枚　水野眞次郎使者
　　眞綿貳包　重臣
　　　岩崎彥右衞門
但御留主中ニ候得
共返却候之　同道留主居
　　　關口鈞

今般爲
勅使御下向被成候段承知仕候就而ハ眞次郎義御旅館へ參上可奉伺　御
機嫌之處幼君其上病氣ニ付以使者奉伺候依東產之品目錄之通進上仕候
　　水野眞次郎使者

岩崎彦右衛門
關口 釣
本多修理使者

一御機嫌伺
御兩卿様益御勇健御下向之段承知仕珍重御儀奉存候随而私義御旅館迄
參上可仕處一兩日以前ゟ風邪ニて寒熱强喘息相發難義仕候付以重役奉
伺御機嫌候以上

四月四日　本多修理

○五日未　雨
一肥後藩參謀安場一平へ
官軍御印五拾枚相渡ス

上杉彈正大弼內
堀尾保助
松本誠藏

一御對面

一交肴　一折　　紀伊中納言使者
御菓子　一箱　　　小田民次郎
右ハ伺御機嫌として獻上之處御返却之
一御賄方多羅尾織之助手代加藤豪平儀就御用明曉出立上京之旨屆出候ニ付
御殿御書幷役所へ狀爲――ヨリ狀相賴ム
一御機嫌伺　　松平大和守家老
　　　　　　　　小河原左宮
　　　　　　同道
　　　　　　　　岩倉彌右衛門
但
御兩卿へ金一萬疋ツヽ獻上候得共御返却之
一　　　　　　　柴田虎之助

柴田岩五郎

右ハ江戸表より參州采地へ引越候ニ付爲伺御機嫌參陣之

一獻上　海苔卷鮓二重　本門寺

但次へも出ス

〇六日申　曇

一京都軍防局より油紙包状箱壹御到來宿送状如例

但當二日酉下刻天龍川へ著候處出水ニて夜越難相成三日卯下刻渡舟ニて右川役人より斷書添來ル

一多羅尾手代加藤豪平今朝出立ニ付爲餞別金三百疋被下

一御對面

中山攝津守

阿久澤藏之助

林光次郎

中村勝五郎

永井大次郎
阿野金之丞

右ハ攝津守御用談として參陣附添罷越ニ付同人御用談相濟迄爰元ニて旅宿被仰付度旨相願御承知ニ成取計之儀藤尾乘平へ申達候處夫々用意出來候其段攝津守へ相達

一御機嫌伺

鎌倉鶴岡
莊嚴院

吉田藩
遊佐十郎左衛門

上杉彈正大弼家來
松本誠藏

一

右ハ此間

殿樣ゟ之御文持參右之御請書被　進候儀候ハヽ京都へ持登リ候義堀尾

保助兩人之内上京歸國ト引分レ候積粗此間申上候處重役へも申談候上此度被　仰付候御用向ハ格別御太切之儀ニ付兩人とも早速歸國いたし候積此日數四日計相掛夫ゟ北陸道ヲ上京是又十日程相掛候付右ニて御文延著御不都合ニ無之候ハヽ御渡被仰付度旨申聞候ニ付申上候處左候ハヽ右御文ハ脚便ニて被進候旨被仰候ニ付其段相達ス

○七日酉　曇

一御機嫌伺　花房外記内

吉村重次郎

本多寛司

山口内匠

一天氣伺幷　土屋餘七麿使

御兩卿御機嫌伺　由良侍從内

一御機嫌伺　山口勝太郎

○八日戊曇

一御機嫌伺　淸水次郎家來
志滿津東一郎

一獻上　團子一重　本門寺
次へも出ス

一御對面　本門寺方丈

一　靜寛院宮樣御使上﨟ふち
差添
阿久澤藏之助

右ハ
靜寛院樣爲御使おふち樣只今當地へ御著被成候此段申上候由之
但御印鑑頂戴仕候ニ付左之通人數書出ス尤御印鑑阿久澤へ渡ス

靜寛院宮樣
御使差添
阿久澤藏之助
仙田九八郎
中村守之助
清水健太郎
小林啓太郎
矢澤鍬三郎
山本龜次郎
人足十人

一御出馬申刻
右ハおふち樣へ御旅館へ被爲成直樣御歸陣之事

一昨日

御殿ゟ御書來ル

○九日亥　晴

一　　　　　　　　　　　　　　　　　齋藤左近内
　　　　　　　　　　　　　　　　　　　青木小次郎

右ハ御機嫌伺幷御出入之廉ヲ以獻上物之儀伺候得共未タ勤

王之願書も不差出候義ニ付不被爲及御頓著候段申達差返ス

一　　　　　　　　　　　　　　　　　跡部遠江守

願書差出候ニ付參謀方へ

差出候樣申聞及返却

一　　　　　　　　　　　　　　　　　横田權之助家來
　　　　　　　　　　　　　　　　　　　稻岡隼太

同斷

一　　　　　　　　　　　　　　　　　吉田藩
　　　　　　　　　　　　　　　　　　　遊佐十郎左衛門

御機嫌伺

一　　　　　　　　　　　　　　　　　矢部隼人

御機嫌伺として

獻上　海苔五十枚入壹箱
　金貳百疋御返被下
一矢部ゟ多葉粉入壹ッ到來之
一天氣伺幷
御機嫌伺　渡邊久三郎
　名代
　渡邊嘉一郎
一中山攝津守家來稲田隼人矢部(隼人事)主計兩人江戸表江之通行無差支樣上下拾人之御印鑑頂戴相願御聞届ニ相成候ニ付御書記稲波（葉）内舍人へ相達出來之上相渡候事
一天氣伺幷　伊豆國田方郡寺家村
御機嫌伺　元徳川旗本由　河野庄左衛門
一御陣中御門出入之儀向後鑑札ヲ以相通シ候筈御取極ニ付御内之分幷御附屬御警衞肥後尾備藩共御内之鑑札ヲ以往來柳原樣も右御同樣之振合

其外諸藩向ハ其隊長之鑑札寺中ハ方丈ゟ之鑑札ニて往來御賄御用も人夫等迄其筋之鑑札之由仍而右御内鑑札ハ役所之印を用差當り先六枚出來之上役所ニ預り置向々より斷次第相渡用濟之上速ニ返上可致旨御内末々并御附屬御警衞ニも相達置候事

但右鑑札渡帳ハ別帳ニいたし嚴重點合之積り

一御陣中へ御用職人其外呼寄候節又ハ先方より來候ハヽ門番所ニ而用筋相糺其御用有之筋々ニ右番所より申込候ハヽ鑑札ヲ小頭ニ而も爲持遣引纒立入らセ候筈之

一御殿ニ御書御差立之

但御書記方ゟ京都軍防局ニ書狀差立之由ニ付序ニ相賴ム

一御對面

中山攝津守

一岩倉侍從樣御使

右御對面之

○十日子　晴

一御機嫌伺　　鎌倉
建長寺
建長寺々中
華藏院
禮堂

鎌倉御在陣中梅干
壹樽ツヽ獻上之處
御請ニ候得共荷高（嵩）ニ
も相成候間御預ケ置
之處今日持參候事

一　織田熊三郎
口上之覺
今般私義采地江州甲賀郡名坂村ニ土著仕候ニ付御屆奉申上候
御總督樣ニ御機嫌御伺奉申上候此段御披露奉願候以上

四月十日

織田熊三郎

一建長寺ゟ梅干獻上ニて左之通徳川家祖先以例ヲ書付被下幷例書寫差出ス

當表就在陣爲音信以使僧梅干被相贈遠路之芳情不淺祝納候委曲禮堂可及謝答候不宣

四月

前　光〔御朱印〕

實――〔御朱印〕

建　長　寺

當表就在陣爲音信使僧幷蠟燭送給候遠路之芳情祝著候委曲全阿彌可申恐々謹言

極月晦日家康御墨印

建　長　寺

一御本陣門内ニて藤堂濱松調練御覽其外廻り御順覽之事

一今子刻京都太政官宿送り状ヲ以内國事務局より油紙包御状箱壹ツ御到來之
一大總督宮樣ゟ過日御書被進候御返書子半刻藤堂藩持歸候事
○十一日丑　晴
一御買物として手島敬之助江戸表ゟ罷越ス
一　　　　　　　　　　　　　跡部遠江守家來
　　　　　　　　　　　　　　　　堀田銑太郎
右ハ參謀方ゟ面會仕度候ニ付參陣仕候遠江守御機嫌伺度候得共御時節柄之義ニ付差控居不取敢私ゟ宜可申上樣申付候間此段申上候宜御含奉願候由之
　　　　　　　　　　　　　相州大山寺
一御機嫌伺　　　　　　　別當　八　大　寺
　　　　　　　　　　　　松平圖書守樣御使者

一御對面　太田男史
彌御機嫌能被成御在陣珍重之御事思召候右爲御見舞御目錄之通以御
使者被進之候此段自在所表申付越候
松平圖書守樣御使者
太田男史
德川家來
早川豊吉
一參陣
右ハ昨夕より今朝ニ至步兵二千人計脫走仕候ニ付夫々爲取押人數差出
置候得共不取敢御屆申上候由之
駿府安部町
般若院春祥
一御機嫌伺
一今日江戶城無滯請取相成候由承ル
○十二日寅　曇

一參謀より左之通相達
兩總督府明十三日卯半刻
御出馬城御點檢被遊
御歸路芝有馬邸ゟ
御入陣同邸ニおゐて當分
御滯陣之旨
御沙汰候事
四月十二日

一御印鑑願
谷大膳亮内
村上伊輔

一御機嫌伺
水野眞次郎使者
重臣
岩崎彦右衞門

一
右ゝ
天氣伺幷
御機嫌伺且明十三日上京發足御届之
一御機嫌伺

同道
留主居
關口釣
畠山侍從

濱松藩
名倉予何人
目付
鈴木壽兵衛

永井左門使者
奥山先太郎

一明日
御出陣ニ付御道筋左之通
本門寺
御發途
壹里半餘
御小休
品川宿
壹里貳拾丁餘
御晝
御城入
貳拾五丁程
御泊
三田有馬屋敷
右道筋本門寺表門御出陣左ニ高輪通芝田町札之辻左へ三田通赤羽橋夫ゟ飯倉町通西久保虎門通外櫻田より內櫻田御城入御歸路前同斷御道筋三田有馬屋敷迄

右之通御座候以上
辰四月十二日
松平圖書頭様御使者
橋本梶之助

一
右ハ昨日太田男史
御對面之節申上候御印鑑之儀ニ付人數書持參ニ付差上候處參謀より可
及答旨相達候様御沙汰ニ付其段相達候事

濱松藩
寺田大藏
中野嘉內

一
右ハ北陸道總督府ﾆ御使罷越唯今歸著御返翰入白木狀箱壹ツ差出候ニ
付柳原様へ差上候事
但北陸道御總督府淺草東本願寺掛所ﾆ

御在陣之積罷越候處當九日俄淺草寺裏手ニ當リ六郷某之上屋敷ニ御在陣之由兩人噂致候事

田安中納言使
岡田正平

一杉折一組
右御在陣中爲御見舞御到來之

大村藩
渡邊清左衞門
土屋善右衞門

一獻上　鯛一折
右ハ江戶城御請取之申上候處御對面之

一御附屬御警衞肥後藩備前藩兩藩御暇相願江戶表へ出立
翌十三日江戶表ゟ是迄通御警衞候之

○十三日卯　晴

一當寺ゟ過日獻上物致候ニ付
御兩卿ゟ　金千疋被下候事

遠藤但馬守使者
遠藤治左衛門
福　田　東　市

一
今般東海道爲
御鎭撫　御發向被爲遊候趣奉恐入候御儀奉存候然ル處私義東山道御先
鋒　御總督様ゟ戸田川渡船場御固被
仰付候ニ付彼地へ出張仕居候處此程當表ヘ御到著被爲在候由承知仕候
ニ付奉伺　御容體度此段各様迄以使者申上候以上

遠　藤　但　馬　守

御　執　事　衆　中

一御出陣卯半刻

一品川宿　御小休
一西丸御入城御城ニて御晝
右城中御點檢本丸燒跡追而御點檢之御積リ
一御陣所有馬屋敷へ
御著陣申刻前
一勝光院樣ゟ御狀箱御到來之
一江戶城御請取之後尾州ゟ御預ケニ相成候事
大原前侍從殿御內
小川南城
一品川棒鼻ニ而
御機嫌伺
有馬中務大輔留主居
生馬紀內
一御著恐悅申上
御菓子獻上
土州藩
黑岩治部助
一御著恐悅申上

○十四日辰　晴

一官軍御印五拾枚尾州藩ヘ御渡相成候ニ付御下ケ之義參謀吉村長兵衞申ニ
上候ニ付右員數同人ヘ相渡

一御陣門出入御印鑑御渡之上御預ケ置相成候樣御書記方申立候付御内之
分御印鑑貳枚相調岡本右京少進ヘ相渡

高野山學侶在番
三　寶　院
一御機嫌伺
寶　城　院

伊達若狹守家來
奥村源五右衞門
一

今般
御總督樣御下向被爲在候ニ付而ハ主人若狹守
天氣奉伺度幷

御總督樣御機嫌伺度存念御座候處病氣罷在候ニ付以使者奉伺不苦筋ニ
御座候哉此段奉伺候以上

四月十四日
伊達若狹守使者
奥村源五右衞門

一蒸菓子
　御煮染三重折壹箱
　次へも壹箱
右ハ御著恐悅として御到來之
有馬中務大輔内
下坂金次郎

一御機嫌伺
松平大和守留主居
岩倉彌右衞門

今日
大總督宮樣當地へ御著ニ付品川迄御出迎爲御使爲迪罷出候處俄池上本
門寺ニ御著陣ニ付引取候樣出先へ被
迎遣候處直樣罷歸候事

一山田源兵衛ゟ綿古一ッ到來之
○十五日巳　晴
一細川玄蕃頭殿入來
右ニ付
天氣伺　御對面之
一柳原樣御便ニ
御殿ゟ御書御到來之里ゟも狀差越候之
一大總督宮樣今日當地江御著ニ付御出迎爲御使品川宿迄爲迪土橋同道ニ
て罷越ス
但正親町樣穗波樣河鰭樣西四辻樣へも同樣相勤候事
一御出馬午刻過
右ニ付
大總督宮樣芝增上寺江御著陣ニ付右御陣所江被爲成戌刻比御歸陣之

一軍防局ゟ油紙包狀箱壹ッ御到來ニ付御成先〻爲持上ル
　但四月九日附宿送狀幷大井川々支ニ付金谷宿より斷書も添
一參上　中山攝津守
右ハ
おふち樣ゟ御文箱持參御直ニ申上義も無之候ニ付差上置候由ニて直樣
引取候事
一獻上　藤堂仁右衛門
　鰹節貳ッ、
　　重詰御肴二重ッ、
　　御酒壹樽五升
右ハ江戸城御請取相成候ニ付爲恐悅
御兩卿へ獻上之
　但宮部源藏ゟ口上相述候之
○十六日午　晴

一天氣伺幷　　　　　　　　　下總多古　久松大藏少輔殿入來
御機嫌伺　　　　　　　　　　　　金地院代僧
　　　　　　　　　　　　　　　　　大慈院
一
今般爲
御鎭撫
總督樣益御機嫌能御下向被遊恐悅至極ニ奉存候僧錄在京ニ付御機嫌御
伺以代僧申上候
　　　　　　　　　　　　　金地院代僧
　　　　　　　　　　　　　　大慈院
一御機嫌伺として　　　　　池上
御菓子壹箱獻上　　　　　　本門寺名代
次へも爲御試小一箱　　　　　妙量院

到來

一御出馬巳刻

右ハ大總督宮樣御陣所ニ被爲成候事

一軍防局より油紙包御狀箱壹ツ御到來御成先へ爲持上ル

但四月十日出宿送狀添

一　水戶

長谷川作十郎

堀口三四郎

野村彜之助

右書付差上候事

一　進佐度守家來

伊藤貢

右ハ御機嫌伺として獻上物有之候得共佐渡守殿ゟ願書等御差上無內ハ

難申上旨申達御品物ハ差返ス
○十七日未　晴
一大原前侍從殿御出御逋
一正親町中將樣御使　　　　　　喜多村雅樂
右ハ一昨日品川迄御使被進候御挨拶之
一御機嫌伺　　　　　　　　　　仙臺中將內
御對面　　　　　　　　　　　　荒井平之進
一勝光院樣ヘ爲御使爲迪小林主税同道ニて參上過日御文御到來ニ付御返
書被進
但御菓子一箱御進上之箱代共價金三兩
干菓子一箱爲迪ゟ
獻上　箱代共價百疋　　　　　　大久保中務少輔使者

一御機嫌伺　　安西湊

本庄宮内少輔使者
鈴木勘右衛門

一
今般御下向被遊候ニ付奉伺御機嫌度在京中ニ付以使者申上候此段京都
表ゟ申付越候

本庄宮内少輔使者
鈴木勘右衛門

高木善三郎使者
平田杢之進

一
私義今般上京仕候ニ付爲伺
御機嫌參上可仕處腫物ニ付著座仕兼難罷出候間無據以使者奉伺
御機嫌候以上
四月十七日　　高木善三郎

一一昨十五日中山攝津守持參之
おふち樣ゟ之御文御返事被請取矢部隼人罷出候ニ付御返書御出來之上
同人ゟ相渡

松井周防守使者
坂口幸右衞門

一
橋本樣
御用人中迄

少將樣彌御安泰被成御座乍憚目出度御儀奉存候然ㇵ今般御下向被遊候
ニ付御樣體爲伺以使者申上候此段御序之刻宜願御執達候

松井周防守使者
坂口幸右衞門

一官軍御印三拾枚御渡相成候ニ付參謀吉村長兵衞へ相渡
一午刻御供揃ニて

柳原侍従様

大總督宮様へ御出申刻御歸陣之

○十八日申　晴

一御機嫌伺　西池清彦

一御出馬巳刻

右ハ　大總督宮様御陣所江被爲成酉刻前御歸陣之

進佐渡守内

一　伊藤貢

右ハ書付貳通差上候處御留主中ニ付預置

御機嫌伺として

干鯛一箱

代銀五枚　獻上之處御差返之

但爲迚江貳百疋

手島ゟ貳百疋　到來返却之。

一御機嫌伺

山口長次郎內

岡部彥四郎

○十九日酉　晴

一御機嫌伺

松平佐渡守使者

市松操

松平主計頭使者

細田六郎

元一條樣御內

佐々木富之助

一

右富之助參　陣此御方ゟ御召抱被成下度願出候付

一條樣ヲ離候次第相尋候處於御同所て子細ｪ無之候得共以前不身持ニ

て兩親より勘當江戶表へ罷下り候處昨冬

前右府樣ゟ丹下修理ヲ以本家佐々木甲斐守ゟ內々御沙汰被爲在舊冬上京十二月四日本家甲斐守方へ同十日御召抱ニ相成候手續ニ相成居候折柄舊冬之御大變ニて猶又此地へ罷下何とも致方無之御憐愍相願度由ニ付追而御沙汰被遊候旨申聞差返ス右ニ付

一條樣へ問合之義爲―紙面ニて申上

一今日京都へ御用書御差立ニ付幸便ニ御殿へ御書被進序ニ役所ゟ狀出ス爲―母ゟも狀上里ゟ過日返書遣ス

但御書記方岡本右京少進ゟ相渡ス

一芝神明邊ゟ手島山田同道ニて罷越ス

一御對面　中山攝津守

一御出馬申刻

右ハ　大總督宮樣御陣所へ被爲成御歸陣戌半刻

○廿日戊　晴晝後風

一新庄下野守殿入來
爲窺
天氣參上仕候此段宜御執奏可被下候以上

新庄下野守

一加州藩士
大總督宮樣へ御用ニ付京都表ゟ罷越御用濟次第歸京仕候ニ付幸便ニ付
左之品々差返ス
一白御小袖二　一白御胴著一　一島御小袖一
右差返夏御衣體早々差越候樣役所迄申遣義右文通加藩ヽ相頼候積相調
置候
一御出馬申刻
右ハ　大總督宮樣御陣所ニ被爲成戌刻御歸陣之
○廿一日亥　晴暮時ゟ雨

一御出馬巳刻
右ハ　大總督宮樣御入城ニ付先鋒として被爲成
一軍防局より油紙包狀箱御到來之
但宿送狀如例
一御菓子一箱　加藤能登守殿使者
右ハ御陣中爲御見舞御到來之處御留主中ニ付預リ置候事
一子半刻頃青山邊出火暫時ニて鎭火
○廿二日子　雨
一加州藩士ヘ兼而頼置候御返し物等紙包ニ致頼相渡
一今朝
御殿ゟ御書幷役所ゟ書狀到來
但十五日辰刻出
一御出馬巳半刻

右御入城

一今朝役所ゟ書狀到來之處小林ゟ狀壹通小谷周藏速水右京連名ニて狀壹通到來ニ付卽刻返書認猶又役所ヘ御直垂催促狀認置

一獻上　御菓子一箱　吉村長兵衛

○廿三日丑　晴

一柳原侍從樣御出馬

右ニ付御入城之事

一輪王寺宮樣御使　安藤播磨守

杉重壹組

右ニ付御道中無御滯御著幷御陣中爲御見舞御到來之

○廿四日寅　曇

一御警衛藤堂藩今日ゟ御警衛被免候事

○廿五日卯　晴

一御出馬辰半刻
右夫御入城
おふち樣ゟ御狀御到來御入城中ニ付爲持上候之
但中山攝津守ゟ爲迪宛ニて矢部隼人持參之
一矢部隼人ゟ壽し一箱一同ニ到來之
一黑岩治部介上京出立ニ付爲餞別
御兩卿ゟ金千疋被下序ニ役所ニ之狀壹通言傳候之
○廿六日辰　曇未半刻ゟ雨
一彥根邸ニ御轉陣之旨被　仰渡候事
但有馬邸ゟ辰半刻
御入城御下城直御入陣之
有馬留主居
一金五百疋被下
生田喜内

右ハ先達中ゟ御在陣中色々御世話幷獻上物等御挨拶として被下候之
一彦根邸ニ
御著陣酉刻前
彦根留主居
一獻上　御菓子一臺
右ハ御轉陣爲恐悅獻上役所ニも到來
松平圖書頭家來
橋本梶之助
一御對面
○廿七日巳　雨
一今般肥後藩ニ
御本陣御守衞被　仰付候事
肥後
和田權五郎
寺本兵右衞門
一

右ハ今般御本陣御警衛被
仰付候ニ付爲御禮參　陣之處
御對面之

野田彌三左衛門
吉海市之丞

西本願寺家來
小宮大助

一
右ハ常州板敷山正行寺儀
御殿御猶子之邊も有之候ニ付
御出府被爲在候ハヽ爲知呉候樣兼而相賴居候ニ付則此程無御滯御著府
被爲在候ニ付早々申遣候由今日參謀ゟ御用有之候ニ付罷出候乍序御用
伺度由之處御滿足ニ思召候旨御返答之
但本願寺御門跡御内ゟ手札ニ認有之候ニ付心得方之義相尋候處全是

迄通ト相心得相認候由此段宜御斷申上候由之
一勝光院樣ゟ御文御到來之處御返書被進候之
幷鮭壹尺御到來爲迪小林主税にも鮭壹尺拜領候之福山ゟもまし少々獻
上之
○廿八日午　晴午刻ゟ雨雷鳴
一岩倉樣ゟ　御使　脇田賴三
右ハ御狀箱御到來之處御返書被進候之
但今日御進軍之由申述候之
一御殿ゟ御書幷御夏衣等御到來幷役所より書狀爲一ゟ狀土屋正親ゟも狀
おきぬゟも狀到來之但おきぬゟさんぬ到來さんふハ中澤ト兩人到來小
林ゟいり豆到來之
肥後藩
一御對面　淺井新久郎

○廿九日未　晴

一獻上　勝栗一箱ッヽ

御返し金貳百疋ッヽ被下

右御兩卿ゟ

一御出馬午刻未刻御歸陣

右ハ御入城候事

一御機嫌伺

一御對面

吉海市之丞

遠江國豊田郡大谷村

内山徳右衛門

龜山藩

名川力輔

紀州藩

三輪三右衛門

肥後藩

一同　　　　　　　　　　　　志賀太郎助
　　　　　　　　　　　　　　尾藤九平

一役所幷爲｜母おきぬ江之返書土屋江之返書小林江之狀認置候之

○閏四月朔日申　晴

一例月之通御手當金御賄ゟ引渡ニ付奥書ニ取調印いたし相渡ス

覺

一金貳百九拾七兩

内

金貳百兩

但百兩ツヽ　　　　二包

金拾四兩

但七兩ツヽ　　　　二包

金四拾五兩
但五兩ツヽ　九包
金拾貳兩
但三兩ツヽ　四包
金拾六兩
但貳兩ツヽ　八包
金拾兩
但貳兩ツヽ　五包
〆
右之通御引渡仕候以上
辰閏四月
御賄方
前書之通御渡請取申處如件
橋本少將殿家

伊藤左近印
柳原侍従殿家
土橋對馬守印

一御紋附御陣笠　御歸京之上被下候旨被　仰下難有御禮申上候事

一杉折一重ツヽ　井伊掃部頭内
山本勘平
御兩家御家來に同壹重
右之御滯陣中爲御伺獻上之事

一靜寛院宮樣御使として中山攝津守參陣之

○二日酉　晴

一靜寛院宮樣御使として中山攝津守參陣之處　御對面之
肥後藩
番頭
一御對面
柏原要人

落合彌治兵衛

一御出馬午刻前

右者御入城候事

一陣羽織壹枚　拜領之事自分定紋ニ

但白絹服連定紋ニ付縫紋之尤御近習一同江も同様ニいたし被下小頭

源兵衛江者割羽織被下候之

○三日戊　晴

一御機嫌伺　本堂式部丞家來

三浦　功

一靜寬院宮様爲御使中山攝津守參

陣之處　御對面之

一御出馬辰半刻

右者御入城之

一御入城之節御警衛人數是迄通より相減可然旨御沙汰ニ付則相達候處左
之通書付出ス

物見

騎馬一人　御案内役一人

小頭共足輕十人　物頭一人　御馬廻十人

御旗持二人　御馬

小頭共足輕十人　物頭一人　御馬廻十人

右之通相伺度尤御入城幷御近邊之外ハ都而今迄之通人數差出候心得之
旨申出候ニ付相伺候處　思召不被爲在候ニ付其段相達候事

一官軍御袖印之外東海道總督府之御袖印御出來ニ付御内之分都合十四枚
書記方より受取夫々江相渡候事

白絹地

朱白字篆書之

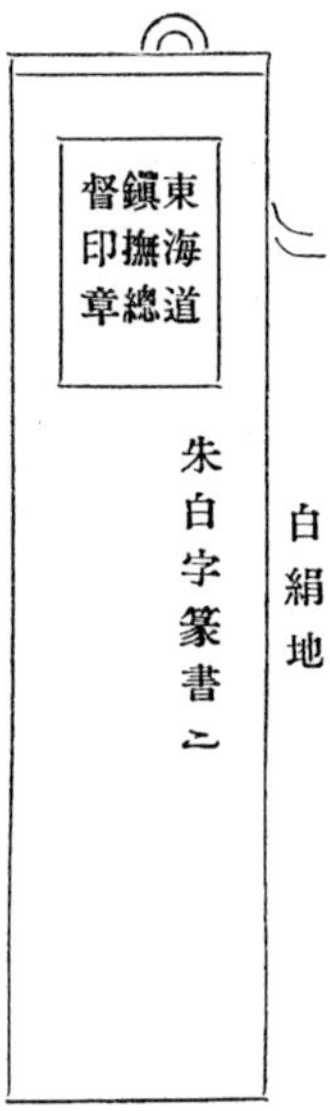

一於御城正親町様西四辻様御家來毎々御世話いたし候ニ付思召ニて於御城左之通被下
金貳百疋ツヽ、正親町様雜掌貳人西四辻様同壹人金百疋ツヽ、御兩家御近習へ
一御對面　　　雀部八郎
右ハ下總八幡邊賊黨屯集ニ付爲物見被遣候處今日歸着直出足
八郎物語今曉備前藩屯所江賊黨不意ニ朝懸いたし備前藩討死手負も有之松戸迄引足ニ相成此所ニて敵ヲ追返し擒ニいたし候者も有之
○四日亥　雨
一柳原侍從樣總州關宿邊賊黨屯集ニ付辰半刻御進發先千住宿迄御越模樣次第追々御進之由
但御進發ニ付御在合之品ニて御盃事幷勝栗被進御家來江も御前ニて

御酒肴被下
一御入城辰半刻
一柳原様御進發ニ付途中ヘ御見立御使として神田橋外ヘ相越相待居候得共九ッ時比ニ至りｍも御通行無之候ニ付自然御模様替りニも相成候哉ニて罷歸候處臨時御道筋御替ニ相成神田橋方へ御越無之辰之口より呉服橋之方ヘ御道替相成候哉前日得ト對馬守ヘ及打合置候得共詮無之次第ニて不得止御使不相勤罷歸り委細申上候事
一池部藤左衞門義御用ニ付上京之幸便ニ御殿ヘ之御書被進弁役所ヘ之書面先達之返書等合封例之通仕立軍防局ヘ之御用書共藤左衞門ヘ相達呉候樣内藤泰吉ヘ被仰付候事
〇五日子　晴
一御入城卯半刻

一今曉七ッ時比大砲之如キ砲聲相聞例之横濱品川等ニて之祝砲とハ方角違近ク相聞候付御警衞肥後藩より物見差向不相分然ル處今朝ニ至り御本陣外構御城堀端之方ニ有之穴門前駒除之處ニ小桶破裂焔硝發候跡有之右之模寄ニ六斤位破裂彈貳ッ内壹ッハ道火中程ニて立消壹ッハ道火も無之貳ッ中とも彈中ニ合藥少し入いつれも無發ニて有之夫々取歸候旨ニて肥後藩より差出右之外備前分家池田藩ニも右邊歟不相分候得共模寄ニて破裂之缺拾ひ候よし承り候旨申聞候最早其節御留主中ニ付右場所一應及見分候上肥後藩倶ニ御城ヘ持參早速右樣子申候事

一正親町樣御内松永權守西四辻樣御家來參上一昨三日於御城御目六被下候御禮申上候之

一大總督府參謀方より御狀御到來御返書被進候之

一勝光院樣ゟ御文幷御肴御到來福山ゟも御重之内獻上御返書被進候之

○六日丑　晴

一御入城巳半刻

一御機嫌伺　　　　　　　　　　肥後藩番頭格

　　　　　　　　　　　　　　　蘆村嘉左衛門

　但昨日白銀邸より仲町末家邸ゐ引移り候此段御屆申上候

　　　　　　　　　　　　　　中山備中守家來

一御機嫌伺　　　　　　　　　　稻田正記

一諸隊長被爲召候ニ付參謀衆唯今早々御登城御座候樣肥後藩不破四郞申

來ル

　　　　　　　　　　　　駿河安倍町

　　　　　　　　　　　　三寶院御門跡末流

　　　　　　　　　　　　修驗

　　　　　　　　　　　　　般若院春祥忰

一　　永田貞太郎

駿州有渡郡下清水村

五社稻荷神主

貞太郎伯父

長　澤　隼　人

右貞太郎義十二歳成候者ニて駿府御滯陣中御次ニ給仕ニ罷出居候處乍幼年今般御進發御供仕度毎度當人役所ニ相願父春祥も内願いたし候得共右ハ參謀ニ相願候筋ニ付其段申聞置候處參謀ヘ相願聞濟ニ相成候付當三月九日駿府　御出陣より何レの手附とも御極無之何とあく御召連相成隼人義ハ貞太郎伯父ニ付同人幼年之義ニ付心添旁附添之義參謀聞濟之上附從罷在候處今六日改而御内ニ御抱身分ハ先小頭同様被　仰付當月より月給小頭同様金三兩ツヽ被下候段申渡右相濟候上金六兩相渡難有旨御禮申上ル

但依願御召抱月給ㇱ御賄百兩之內ニて被下

〇七日寅　曇

一柳原侍從樣ゟ爲御使罷越候肥後藩高山修藏今朝歸著御返翰持歸候旨金子尉助より差出候ニ付直樣差上候事

一天氣伺幷　　　　　　　　　　　　　　　　　大島鐵太郎

御機嫌伺

一天氣伺幷　　　　　　　　　　　　　　　　　水野式部

御機嫌伺ニ付

御對面

一御入城巳刻

右御下城掛淸水館

靜寬院宮樣へ被爲成申刻過御歸陣之

但

宮様へ御獻上物有之上臈様御始へ杉折被進候
天障（璋）院様　田安中納言様へも御進上物有之候之
池原隆吉
一御廣敷伊賀者被
仰付候御禮申上ル
一靜寛院宮様へ被爲成左之通御到來之
靜寛院宮様ゟ
一御文庫之内
一御交肴五種一臺
天障（璋）院様より
一御塗里之内五重之
右御到來之品々御長持ニ入阿久澤藏之助池原隆吉附添御廻し相成候處
御留主中ニ付預リ置候猶明日西村源一郎ト申者爲請取參
陣之旨藏之助申聞候之

一鮮鯛一折
御菓子
右ハ
靜寛院宮樣へ被爲成候節田安中納言樣ゟ御到來之
一江戶繪圖　一
一同名所繪圖
右ハ阿久澤藏之助ゟ到來之
○八日卯　晴
水野出羽守家來
一御機嫌伺
水野伊織
靜寛院宮樣御附
一
西村源一郎
右ハ昨日

静寛院宮様　天障（璋）院様ゟ御到來物御重等申出之
一菓子一箱ッヽ
右ハ　梅岡様御内徳田貢ゟ中澤兩人ヘ到來之
但返し物ハ御用ゟ被下候事
一輪王寺宮様御使　本間信濃守
右ハ今度御上京被成候日限之義來ル十九日御發途御治定ニ相成候間右之趣御吹聽被仰入候之
一静寛院宮様上﨟
於ぬち様ヘ　御使　中澤外記
右ハ御文被進候之序ニ昨日
静寛院宮様ヘ被爲成候節田安中納言様ゟ御到來物御挨拶被仰入候之
○九日辰　强風雨
一御入城巳刻

一鯛壹枚中澤ゟ到來之
○十日巳　晴
一芝増上寺々内岳蓮社
觀行院様御位牌所御廟ニ參詣候事
但爲━爲迪ゟ御花料として
金百疋相備候之
一御入城午刻
○十一日午　晴
一御入城巳半刻
一柳原侍從様ヨリ白木御狀箱御到來之
但上總茂原ゟ御差立之事
吉田藩
一　　遊佐十郎左衞門

右御機嫌伺且明朝人數召連出立
柳原樣御本營ゟ罷越候此段御屆申上候事

〇十二日未　晴
一御入城巳刻
一靜寬院宮樣御使として中山攝津守參陣之處　御對面之
一輪王寺宮樣　御使　小杉但馬守
右ハ御書付御差出之處御落手之
一獻上　御菓子一箱　本堂式部丞
一靜寬院宮樣　御附　瀧口作十郎
右ハ
宮樣上﨟おぬち樣ゟ御文箱御到來之處御落手之
一十一日付落
金三百兩木梨精一郎ゟ
御受取ニ付左之通受取書出ス

一金三百兩之

右正ニ被致拝借候以上

辰閏四月

橋本少將殿家

伊藤左近印

木梨精一郎様

一獻上

鯛一折貳尾

御酒一樽

肥後藩

清水數馬

次ニも肴一臺酒壹樽到來之事

一紀藩高井三十郎松尾正作ゟ鰻少々到來之

○十三日申 晴

一今曉丑半刻白銀邊出火

一御入城卯刻過

一天氣伺幷

米津伊勢守

御機嫌伺

栗原右衞門太郎支配
二十二ヶ所惣代
武州多摩郡下村
八幡大神
玉川大明神　兩社神主
榊田左馬之亮
同州同郡
日吉山王社神主
中村大和之亮

一御機嫌伺

一田安中納言樣
依御招御入來
右ニ　御對面御達被遊候義有之右相濟御自分御挨拶其節御茶御菓子御

多葉粉盆差出尤御入來之節惣門前ニて御下乘御近習壹人玄關式臺迄出迎控所迄誘引ス
御前御書院に御出座之上控所に及案内御近習御書院二之間迄誘引御同座此時御徹(撤)劔右御面會中二之間入側ニ御近習兩人相詰御太刀を兼而御座之後ニ御太刀掛之儘御差置御退散之節一寸御送夫より御玄關翠簾迄爲迎式臺迄御近習壹人相送り候事
一大總督宮樣ゟ御陣中爲御見舞御菓子御到來之
一肥後藩物頭中ゟ菓子一箱到來之
○十四日酉　晴
一御入城辰半刻
一天氣伺幷　三吉養子惣領
御機嫌伺　大草敬吉
一官軍御印廿貳枚參謀吉村長兵衛に相渡候樣　御沙汰ニ付同人に相渡ス

紀伊中納言殿使者
小田民次郎

一御安否御伺
一肥後藩（マヽ）勇義極急御用ニ而上京いたし候ニ付　御殿江之御書壹封御賴被遊候事
　但上包例之通役所兩人宛ニ而仕立同人江相賴

一田安中納言様御使　岡田正平
右ハ昨日御參陣之處厚御取扱被下忝被存候右御挨拶として家老可差出却而廉々敷相當り可申与態与差出不申候且麁末之至ニ候得共御見舞として御目錄之通内々御到來之

手目錄
橋本樣へ
田安中納言より
酒　壹樽

料理　一折

右之外ニ爲迪中澤江粕廷羅壹箱ツヽ是被下候事

備前藩

雀部八郎

宮崎謙二

一

右ハ先達中より御用ニ付總州路等江罷在候處昨夜總州大多喜表ニて柳原侍從樣江拜謁御同所よりの御封狀箱壹御渡ニ付唯今歸著右御封箱差上候事

但途中ニて相求候由ニて干饂飩一箱獻上之

本堂式部丞家來

三浦功

横子惣五郎

一參陣

沼津驛ニおゐて差出候願書江左之通以御附札御渡相成候事

再願之趣委細橋本殿御書ニて勤
王深志之段ハ被爲
聞食置候上京之儀當時關東御多事ニ付
大總督宮御出張先ニおゐて御用向相勤候方可然事
萬石以上並被　仰付度願之儀ハ外並格合有之候事ニ付卒然難被　仰
付候事
右書付差出候處御落手之
一勝光院樣ゟ爲伺御機嫌參
上御菓子一箱獻上候事
○十五日戊　晴
一大總督宮御使　　　　　西尾隱岐守家來
　　　　　　　　　　　　十河鄉介
右ハ御狀箱御到來之處御返書被進候之

一御入城巳刻

一正親町中將殿　御出

一本堂式部丞家來三浦功横手惣五郎儀此間中御菓子一箱獻上ニ付右御返しとして今日金五百疋被下候事

○十六日亥　晴

一御登城辰半刻

一御機嫌伺幷　　　　　　　　佐野豐太郎家來

御用伺　　　　　　　　　　中山右兵衞

一京都軍防局より油紙包御狀箱壹ッ御到來之處御留主中ニ付御城に差上候事

但後四月五日附宿送書付添當月九日未上刻金谷驛到著之處大井川滿水同月十三日午上刻川明キ越立其先天龍川も當月八日出水ニ而夜越難相成九日卯下刻渡舟之旨夫々川役人よりの斷書添

松平大學頭家來
鈴木梶右衞門

一
手控
橋本少將樣
今般
大總督宮樣
御入城之段於在所表致承知候ニ付今日重臣ヲ以
天氣相伺申候依而時候御安否致承知度使者ヲ以申述候
松平大學頭使者
留守居役
鈴木梶右衞門
加納大和守使者
永井三右衞門

一御機嫌伺

加納嘉元次郎家來
笹岡實學

一今般重臣東下申付候ニ付
御機嫌之程奉伺候
加納嘉元次郎

一御内用ニ付肥後藩醫師内藤泰吉同道ニ而横濱表ヘ今午後出立廿三日歸
著候事
但横濱ヘ著之節　東久世殿へ御使相勤ム
一參謀安場一平御用有之上總大多喜より歸著　御對面之
○十七日子　晴

一中山攝津守
靜寬院宮樣爲御使參　陣之處
御對面左之品々御拜領之

一白晒御帷子　壹
一白羽二重御給　壹
一御襦袢　一
但夫々御掛襟添
一白羽二重御單　二
一八丈島御單　一
一御肌付　二

一
右ハ上總大多喜より御用ニ付歸著之由ニて御機嫌伺候事
加藤監物

松平播磨守
松平雅樂頭
使者
留主居役
野中九十九

一
手控
橋本少將樣
今般御下向被成候段於在所表承知仕候依之時候御安否承知いたし度

使者ヲ以申述候

松平播磨守使者
留主居役
野中九十九

但松平雅樂頭殿使者手控も都て同様ニ付留略ス尤使者ハ兼帯手控ハ隔通之

一肥後藩士爲御使一昨日　柳原様御陣營に被遣候處今晩歸著御返翰御狀箱壹物頭木造左門ヲ以差出候ニ付直樣差上候事

一今夜九ツ時前本郷邊出火

○十八日丑　晴

一小林主税儀安場一平同道ニて上總大多喜に被遣候段被　仰付卽刻出立之

○十九日寅　晴

一御登城　田安番頭

一　大澤甚之丞

右ハ御機嫌伺として參陣御對面相願候得共御登城掛ニ付御對面不被爲在候事

一　中山攝津守

右ハ

靜寛院宮樣爲御使參陣之處

御對面之

一獻上　鮮鯛壹掛

料理幷御菓子入四重杉折壹箱

御酒四斗入壹樽

藤堂仁右衞門

藤堂隼人

三宅源藏

此外物頭等惣中より

但次并書記小頭下部等迄酒四斗入貳樽大青籠五種交肴到來之

右ハ總州船橋等ニ進軍賊黨討取又ハ追散勝利ヲ得當地ニ歸著ニ付御機

嫌伺且右相祝候印迄ニ獻上之處御請被遊右三人ニ　御對面之

一田安中納言殿ニ御使

御近習代リ

肥後藩士御隨從

淺香市太郎

御口上

中納言樣彌無御障珍重被存候將又過日ハ陣中爲御尋何寄之御品々被

進且家來ニも御菓子御惠投深忝被存候乍延引右御挨拶被仰入候將又

麁末之至ニ候得共任到來御肴一折被致進上候

右被進之御品大鯛一尾大鰤子一尾之尤御近習御使ニ可被遣之處爲迪小林主税御用ニ付出張中中澤外記ハ今日他行被仰付御無人ニ付右市太郎義御近習之姿ニて被遣候事

備前藩
加藤榮之進

一右ハ今度國許より當表江罷出候ニ付御機嫌相伺候旨同人義以來雀部八郎宮崎謙二同樣御用有之候ハヽ被仰付度段八郎同道申出候ニ付申上候處御承知被遊御用被爲在候ハヽ可被仰付旨相達ス

一備前當主池田信濃守殿事備前守ト御改名隱居備前守殿事武藏守ト御改名此程伺之通相濟候右之趣御屆旁申上候段雀部八郎申聞候事

○廿日卯　雨

一御登城辰半刻

一　　　　　　　　　　　　　　　　　　　　中山攝津守

右ハ

靜寛院宮樣爲御使參陣之處御對面且御内ゟ同人方江御使有之候由右之

幸便ニ役所より之書狀到來之旨ニて持參御直ニ攝津守より差上候

但右書狀御開封之處

殿樣ゟ御文壹封　大夫樣ゟ貳封幷

大夫樣より稻（葉）波内舍人江之御文壹封爲―より爲迪江壹封稻（葉）波丹波介

より内舍人江之壹封有之由内舍人江ハ御直ニ御渡被遊候事

一右御便ニ

大夫樣御事當五日參與辨事職被爲蒙仰候御風聽幷爲―より恐悅被仰上

旨被仰聞候之

本堂式部丞使者

一獻上　鷄卵壹箱　　　　　　田邊叶

薄暑之節御座候處益御勇健被成御座珍重御儀奉存候將又御逗留中時々可奉伺之處隔地不任心意恐惶仕候時下昨今之御容體奉伺度在所之鷄卵一箱進上仕候此段以使者申上候

本堂式部丞使者
田邊叶

一明廿一日

正親町中將樣當地御出立御用伺として御上京尤蒸氣船ニて御航海之由右ニ付品川宿迄爲御見送被爲成候ニ付御警衛人數之義御登城之通ニて可然被思召候得共遠方之義ニ付餘り御手輕も如何可有之哉心付之儘申上候處肥後藩所存可任旨御沙汰ニ付申談候處於彼藩も御手輕ニて御別條有之筈ニ者決て無之候得共御警衛仕候身ニ取候てハ念之上入念度乍然思召之邊も被爲在候ニ付得ト申談候旨山路太左衛門申聞暫して左之通人數差出候旨書付差出候付申上候處人數餘計ニ者被思召候得共警衛之所存

も有之候義ニ付彼是之無論可任意候樣被仰則調出候通ニて御据置ニ成

御案内役壹人　騎馬壹人　御案内役壹人

小頭壹人　小頭壹人　銃卒拾五人　銃卒拾五人　御小籏持壹人　助壹人　物頭壹人　物頭壹人　御

御馬廻り拾五人　御馬廻り拾五人　御跡乘壹人　徒士五人　徒士五人

右之外御隨從之藩々ハ六人罷出候積ニ相成

一正親町中將樣へ爲差添木梨精一郎義も明日出立ニ付同人ゟ御賴被成御返し物等仕立相賴候事委くハ御用雜記ニ有之略ス

○廿一日辰　強雨晝後晴

一今朝品川ゟ爲先用御賄方多羅尾手代罷越候ニ付昨夜荷物いさし置候木梨精一郎ゟ御賴御返物等右手代ニ爲附添手操品川宿木梨精一郎小休所ゟ差出置其段精一郎へ賴談およひ口上取計候之

田安番頭
一　大澤甚之丞
過日者中納言殿江御交肴被進深忝被存候右御挨拶御近習方迄可申入置被申付候段演舌且御用透之節拜謁可被　仰付旨兼而御沙汰も有之候ニ付今日拜謁之義相伺候ニ付申上候處中納言殿へ御内使之廉者御叮嚀之御儀ニ被思召候段及御返答甚之丞拜謁之義唯今品川表江御成掛ニ付折角之儀ニ候得共他日御寸暇之節緩々御對面被爲在候段申達候樣被　命候付其段申達ス
一正親町中將樣巳刻過御出直御同道ニて品川表迄爲御見送被爲成夫より御登營申刻過　御歸陣之
○廿二日巳　晴
一御登城午刻
一官軍御印廿枚吉村長兵衞江中澤外記ゟ相渡

一同斷千枚御用ニ付中澤外記ヲ以御城中ニ可差上旨被　仰下候付則千枚
同人持參差上候之
一正親町中將樣御使　　　　　　　　　　　　　　　　川上左內
昨日ハ風雨中遠方之處御出被遊畏入被存候殊ニ種々御馳走迄家來之
向迄も被下忝被存候今日出帆被致候ニ付不取敢使ヲ以被申入候事
後四月廿二日　　　　　　　　　　　　　　　　　　　正親町中將殿使
　　　　　　　　　　　　　　　　　　　　　　　　　川上左內
一柳原侍從樣今廿二日辰刻御歸陣被成候事
但明廿三日御歸陣之筈ニ候處海上風順宜俄ニ御歸著之由ニ付御出迎
爲御使濱御殿迄中澤外記被遣候處最早同所御出立後ニて於途中右御
使之廉相勤候由之
一御同所御歸陣ニ付御祝として御酒御吸物等被進御盃事同席ニて
柳原樣御家來御同所御附屬御書記幷御隨從加賀藩之者ニも御酒肴被下

候事
一小林主税安場一平上總大多喜ニ出張之處今日柳原樣御供ニて歸著之
○廿三日午　雨
一横濱表ゟ今朝歸著之
一御登城午刻
一大總督宮樣ゟ貝類十五種壹臺
御兩卿ニ御到來之
○廿四日未　晴朝之内小雨
一御登城辰半刻
一三條大納言樣萬里小路辨今日當地ニ御著ニ付御出迎爲御使品川迄罷越
御小休ニ罷出御使相勤候事
備前藩
一　雀部八郎

宮崎謙二

右兩人御隨從なから同藩御先軍之方ニ取掛居候用向も有之候ニ付暫之內御本陣詰御免被成下度御用之義ハ何時ニても被仰付候次第相勤可申全御隨從ニ付而御本陣詰御供等之義而已暫之內御免相願度八郎申出候處御留主中ニ付御歸陣之後可申上段申聞置候之

○廿五日申　曇

一御登城辰半刻

一御對面

中山攝津守

備前藩隊長

古田藤兵衛

一御機嫌伺

大原式部

一萬里小路辨樣御使

右ハ昨日品川迄御使被進候御挨拶之

○廿六日酉　晴

備前侍從內隊長

一　水野三郎兵衛

右ヽ拜領物仕候御禮申上候之

一御登城巳刻過

一獻上　ピストル一挺
皆具付箱入　加藤監物

一同　御煮物一箱　矢部隼人

一同　御蒸菓子一箱　おし海

○廿七日戊　雨

一御登城辰半刻

一三條大納言樣へ御使　中澤外記

右ヽ今度無御滯御著府ニ付爲御歡鮮鯛貳尾被進候之

保科彈正忠重臣

一　大須加貞右衛門

同道
八田助左衛門
御在府中奉窺
御機嫌京都表彈正忠被申聞度此段以使者奉申上候
閏四月廿七日
保科彈正忠重臣
大須加貞右衛門
井上辰若丸家來
一御機嫌伺
山崎百介
藤堂藩
一
本庄太喜江
雨森鉞郎
滋野半助
右ハ今般御隨從被　仰付候ニ付御禮申上候事

○廿八日亥　曇

一御登城巳刻

一三條大納言樣御使　柳田四郎

右ハ過日當地ヘ御著ニ付爲御歡御肴被進候爲御答禮御菓子一箱御到來之

一靜寛院宮樣御使　御廣敷添番　小峰利五郎
同伊賀者　鈴木田久次郎

右ハ御文箱御菓子御到來之處御登城中ニ付預リ置候事

一　藤堂監物

右ハ今日　大總督宮樣ヘ隊長之者被召出總房州ヘ賊徒屯集ニ付進軍被仰付戰功之爲御賞　御感狀頂戴仕誠以難有仕合奉存候右御禮申上候事

一今晩御用ニ付御泊城之事
○廿九日子　曇
一御歸陣申半刻過
一月給御金御賄方より左之通引渡ニ付奥書爲迪調印請取尤五月分之

覺

一金百兩　橋――
一金七兩　御家司壹人
一金廿五兩　御近習五人
一金六兩　小頭貳人
一金八兩　別當四人
一金四兩　手廻り貳人
右之通御引渡仕候以上
辰閏四月廿九日　御賄方

前書之通御引渡請取申處如件

橋――

伊――――印

○五月朔日丑　雨

一柳原侍従様今巳刻御供揃ニて甲州表江御進發例之通勝栗のし御酒肴被進御家來江被下

一右ニ付爲御見立四ツ谷御門外迄罷越候事

一御登城巳半刻

一靜寛院宮様御使　　西村源一郎

右ハ上臈　おふち様ゟ御文御到來之

○二日寅　雨

一御登城巳半刻

一勅使　穗波三位様御出
右御面會之　岩城左京大夫
○三日卯　晴
一御登城辰半刻
一天氣伺幷
御機嫌伺
御對面
一御機嫌伺　瀧脇丹後守馬役
安池外巻
備前隊長
一　水野二郎兵衛
右ゟ昨日結構之御感狀頂戴仕難有奉存候右御禮申上候事
一柳原様ゟ油紙包到來之處

侍從樣御出張先へ達呉候樣眞繼左衛門尉ゟ紙面到來之

○四日辰　晴

一御出馬辰半刻

右ニ見付之御順見之

但肥後兵隊之御姿ニ而被爲成候之

一天氣伺幷

御機嫌伺

領内鎭撫防禦被

仰付候御禮

水野攝津守

一御登城午刻過

○五日巳　晴朝少々雨

一御用被爲在候ニ付今夕方參陣いゝし候樣中山攝津守ゟ帋面遣候處承知

之旨返書來ル

一御登城巳刻

一御對面　中山攝津守

會計局御用掛

礒谷小右衛門

一當日御祝義申上　御手廻り

卯之助

一

右卯之助義當二日夜内藤新宿高島や吉兵衛方ニて徳川脱走仁義隊之者ニ手疵負剰召捕屯集所中野村法專（寶仙）寺ゐ召連歸其節卯之助同道人參謀海江田武次家來新太郎え吉兵衛方ニて殺害ニ遇ヒ候趣彌卯之助ト申者御本陣中ニ不罷在哉　大總督府下參謀大村益次郎差圖ニて御所同所附探索方稻田藩陰山民右衛門一昨三日參陣參謀方ゐ申込候由ニ付取調候處卯之助義二日夕方より何方ゐ哉罷越候儘不立歸趣全同人ニ無相違相聞候ニ付其段申上候處右ハ御手廻リニ無相違候ニ付其段參謀ゐ被　仰達

其筋ニて取調も有之由之處左之兩人

徳川龜之助家來
町奉行組與力
安達禮輔
同家來
徒士目付之由　池田鴨之助

右兩人義卯之助召連引渡として罷出候由參謀附屬加藤監物面會ニて右人體御手廻りニ無相違哉及見之義監物申聞候ニ付小頭山田源兵衛ぃ申付爲及見候處卯之助ニ無相違候ニ付監物義禮輔鴨之助より請取源兵衛ぃ引渡候旨同人申出候折節　御登城中殊一體之御所置振も不相心得候得共先請取心ヲ付罷在候樣申渡　御歸陣後相伺候處　思召も被爲在候ニ付先其儘卯之助御陣中ニ差置候樣御沙汰之事

卯之助疵所左之肩ニ壹ヶ所有之疵口彼方ニて療治いたし縫有之尤聊

之疵所ニて屈伸更ニ無差支不日平癒と歟且卯之助同道之新太郎与申
者全海江田家來ニ無之人違之由ニて撿使相濟候由事實ハ本文之通之

○六日午　晴

一御登城巳刻

一官軍御印百枚安場一平渡邊淸左衞門ゟ相渡

紀州留主居
織田民次郎

一
右ハ御機嫌伺幷過日　大總督宮樣より書付ヲ以御招ニ付直樣登城仕候
處御達之義有之候ニ付御請書差上候御落手ニ相成夫ニ付歎願仕度義御
座候間奉恐入候得共
御對面相願度旨申出候得共
御登城中ニ付　御歸陣之上可申上及返答
但　大總督宮樣ゟ差上候御請書寫入御覽候由之

○七日未　曇

一御對面　中山攝津守

一御機嫌伺　前橋藩　岩倉彌右衛門

一　本堂式部丞家來　兵藤雷太郎

右之書付差出候處御落手之

○八日申　雨

一御登城巳刻

○九日酉　晴

一御登城巳刻

一御機嫌伺　龜山藩　名川力輔

○十日戊　曇
一御對面　　　　　　中山攝津守
一御登城午刻
一過日爲ーーより紙面被下候返書母ニ文出ス但（ママ）
○十一日亥　雨
一御登城巳刻
一甲府表
柳原侍從樣ゟ御狀箱御到來之處
御登城中ニ付預リ置候事
○十二日子　雨
一御登城巳刻　　　　豆州加茂郡伊豆山
伊豆權現別當

一御機嫌伺　般若院

〇十三日丑　雨

一御登城巳刻

〇十四日寅　雨

一御登城卯半刻

一徳川脱走之臣彰義隊与稱し候者兼而上野山ニ屯集屢官兵ヲ暗殺いたし民財ヲ掠奪いたし候付明十五日官軍被差向御誅伐被爲在候旨承之

〇十五日卯　雨

一今曉寅半刻過西城於大手前諸軍整列御見分之上御登城巳刻御歸陣

一穗波三位樣　萬里小路辨樣御出巳半刻御同道上野討手諸軍爲御指揮御出陣之處速御勝利賊徒掃攘相成候上御登城酉半刻御歸陣

一右御勝利ニ付一同恐悦申上ル

一御出陣中御警衛肥後藩御本營出拂ニ付尾州藩ゟ代り被　仰付今日右藩人數御本營へ相詰候御城より晩方御歸陣之節も肥後藩代り御警衛之事
一右爲御祝義參謀吉村長兵衛より鰻壹器之內獻上之
○十六日辰　晴
一
關口水道町
名主　佐一郎
元鮫河橋町
同　又太郎
右ハ昨日拜領物御禮申上ル
一御對面
中山攝津守
一御登城巳刻
眞田信濃守內
一御機嫌伺
玉川一學

一獻上　鯛一尾　　渡邊清左衛門
右ハ昨日爲御祝義獻上之
一今酉刻過麻布邊出火暫時ニて鎮火
一今亥半刻比赤坂見付内柴田金之助方より出火御本營程近ニ付夫々取片付等いたし置候處暫時ニて鎮火一同安心候之
○十七日巳　雨
一御出陣辰刻上野山戰爭場所爲御點撿被爲成御歸陣掛御登城之
一御小休所ニ相成候ニ付　　上野廣小路之内
金五百疋被下　　松坂屋利兵衛
一戰爭場燒跡ニて小判十枚燒銀等神田橋外安藏ト申者拾ひ取御小休所江訴出候ニ付卽爲御褒美金五兩被下置候右小判ハ御城江御持參之
牧野越中守家來

一　　　　　　　　　　　　種村源右衞門
　　　　　　　　　　同道
　　　　　　　　　　　　小出代藏
越中守病氣ニ付嫡子金丸義爲上京出府仕候處途中より時候相障出立遲々仕
御機嫌伺追々延引仕奉恐入候一ト先
橋本樣奉伺
御機嫌伺度以使者奉申上候
　　　　　　　　　　　　　　　牧――
　　　　　　　　　　　　　　　　　種――
　　　　　　　　　　　　同
　　　　　　　　　　　　　　　　　小――
○十八日午　曇

一御內ゟ之御書大村藩渡邊淸左衞門ゟ御賴置ニ付今朝源兵衞ニ爲持遣候之

一今未半刻比參　陣候樣中山攝津守ゟ紙面遣候處承知之旨返書來ル

一三條左大將樣ゟ御使

右ハ御文御到來之處御返事被進候之

一御登城巳刻

一三條左大將樣ゟ御使　　柳田四郎

右ハ國分武鑑御借用被成度由ニて御申出之事

一御對面　　中山攝津守

○十九日未　雨

一御登城巳刻

一靜寬院宮樣上﨟おふち樣より御封箱御到來之處御留主中ニ付預リ置候事

一
佐野豊太郎使者
中山右兵衛
向暑之節ニ御座候得共
御兩卿様益御機嫌能被遊御座恐悦至極奉存候主人豊太郎義御時節柄
爲伺御機嫌參上可仕候處于今病氣ニて平臥仕候付乍憚此段以使者奉
申上候以上
佐――
五月十九日
中――
一今日於御城江戸府鎭臺輔被爲蒙
仰東海道鎭撫總督被　免候旨　御沙汰ニ付一同恐悦申上候事

解題

吉田常吉

一　諸道鎮撫総督の任命

慶応四年（九月八日、明治元年と改元）正月三日、鳥羽伏見の戦いがおこると、朝廷は翌日議定兼軍事総裁仁和寺宮嘉彰親王を征討大将軍に任じて旧幕軍を討伐させたが、さらに四方を鎮撫するために、山陰道（四日）・東海道（五日）・東山道（九日）・北陸道（同上）および九州（二十五日）の鎮撫総督を任命し、中国・四国（十三日）にはその追討総督を任命し、それぞれ出陣させた。各総督はいずれも公卿が任ぜられたが、これは王政復古を四方の士民に周知させるための配慮からであろう。この内、東海・東山・北陸三道の鎮撫総督は、二月六日、先鋒総督兼鎮撫使と改称され、ついで九日、総裁有栖川宮熾仁親王が東征大総督に任命され、三道の軍を統率することになった。

江戸攻略にあたったのは、東海・東山・北陸三道の先鋒軍で、本書と関係があるから、左に各総督を挙げておく。

東海道鎮撫総督（先鋒総督兼鎮撫使）　参与 左近衛権少将　橋本実梁
同　副総督（先鋒副総督兼鎮撫使）　参与助役 侍従　柳原前光
東山道鎮撫総督（先鋒総督兼鎮撫使）　大夫　岩倉具定
同　副総督（先鋒副総督兼鎮撫使）　岩倉具経
北陸道鎮撫総督（先鋒総督兼鎮撫使）　従三位　高倉永祜
同　副総督（先鋒副総督兼鎮撫使）　大夫　四条隆平

なお東征大総督府の参謀と錦旗奉行は左の通りである。

参謀　参与 左近衛権中将　正親町公董
同　参与 大夫　西四辻公業
同　長州藩士　広沢兵助
同　参与 薩摩藩士　西郷吉之助
同　参与 宇和島藩士　林玖十郎
錦旗奉行　参与加勢 左京大夫　穂波経度

同　大夫河鰭実文

二　橋本実梁の出陣

東海道鎮撫総督として出陣した橋本実梁《さねやな》は左近衛権中将小倉輔季の子息で、権大納言橋本実麗の養子となり、当時三十五歳でこの重任に就いたのである。実麗の妹の経子（薙髪して観行院と称す）は仁孝天皇の典侍で、和宮親子内親王（薙髪して静寛院宮と称す）の生母である。したがって実梁は静寛院宮の外戚にあたり、本書に見えるように、宮の使者がしばしば陣中に実梁を訪れているのは、この理由によるものである。

正月五日、参与橋本実梁・参与助役柳原前光はそれぞれ東海道鎮撫正副総督を命ぜられ、肥後藩兵を従えて即日京都を進発、大津に滞陣した。本書はこの京都進発から始まり、五月十九日、実梁が江戸鎮台輔を命ぜられたところで終っている。実梁に扈従したのは、本書の筆者、雑掌伊藤左近為迪以下、近習五人、小頭二人、別当二人、手廻り二人の十二人で、ときに別当二人が加わる場合もあるが、これは諸藩から借用したものである。柳原家の扈従も、雑掌士橋対馬守以下、近習四人、小頭二人、別当二人、手廻り三人の十二人である。参考のため、次に橋本家の扈従を掲げる（一六二―五頁参照）。

雑　掌　　伊藤　左近為迪

近　習　中　沢　外　記
　　　　小林　主税政房
　　　　岡本　帯刀清澄
　　　　手島敬之助正明
　　　　手島厚之助正孝
小　頭　山　田　源兵衛
　　　　盛　　源　助
別　当　　　　　豊　吉
　　　　　　　　市五郎
手廻り　　　　　佐　吉
　　　　　　　　卯之介

なお東海道鎮撫総督府参謀として、六日に長州藩士木梨精一郎（恒準）が、九日に薩摩藩士海江田武次（信義）がそれぞれ任命され、総督に従って出陣した。

三　本書の内容

「橋本実梁陣中日記」は橋本家の雑掌伊藤左近為迪が手録した道中および滞陣中の雑記であるから、例言にもあるように、総督の動静、東国の諸侯以下、旧幕臣が政府軍に対して恭順の意を表わした情形、静寛院宮使者の陣中往来、江戸城請取りの始末など、外形上の動静は細大もらさず書き留めている。しかし、東征大総督宮との会議、あるいは静寛院宮使者との面談の内容などには、いっさい触れていない。雑掌という身分の制約から、これは致し方のないところであろう。

江戸への行程　本書の内容について述べる前に、陣中日記によって、総督の京都進発から江戸滞陣までの跡をたどってみよう（――印は滞陣中の宿駅、または場所を示す）。

(月)　(日)
正・　五　参内、京都進発、大津着陣、
〃・　九　両卿出門、所々の固を見分、
〃・十六　両卿出陣、三井寺寺内の調練見分、
〃・十八　大津出陣、草津着陣、
〃・十九　草津出陣、水口着陣、
〃・二十　水口出陣、坂ノ下着陣、

正・廿一　坂ノ下出陣、石薬師着陣、
〃・廿二　石薬師出陣、四日市着陣、
〃・廿八　四日市出陣、桑名着陣、
　　　　　両卿出陣、桑名城請取り、
二・　一　出門、静寛院宮使者土御門藤子の旅宿へ赴く、
〃・　四　両卿出馬、桑名城中再見分・城中調練見分、
〃・　十　両卿出馬、桑名城中の鉄砲稽古見分、
〃・十三　桑名出陣、名古屋着陣（西本願寺掛所）
〃・二十　名古屋出陣、池鯉付着陣、
〃・廿一　池鯉付出陣、藤川着陣、
〃・廿二　藤川出陣、吉田着陣、
〃・廿三　吉田出陣、新居着陣、
　　　　　出門、土御門藤子の旅宿へ赴く、
〃・廿四　新居出陣、浜松着陣、
〃・廿五　浜松出陣、袋井着陣、

〃・廿六　袋井出陣、新坂着陣、
〃・廿七　新坂出陣、藤枝着陣、
〃・廿八　藤枝着陣、駿府（府中）着陣、
三・一　出馬、駿府城馬場辺へ赴く、
〃・二　両卿出馬、駿府城馬場辺へ赴く、
〃・五　東征大総督宮駿府城着陣、
大総督宮着陣につき供揃にて入城、
〃・六　供揃にて入城（二回）
〃・七　供揃にて入城、
参謀海江田武次甲州へ出張、
〃・八　出馬、大総督宮のもとへ赴く、
大総督宮使者来り、柳原卿対面、
〃・九　駿府出陣、蒲原着陣、
〃・十　蒲原出陣、沼津着陣、
〃・十一　出馬、城外馬場へ赴く、

参謀木梨精一郎横浜へ出立、
三・十三　出馬、静寛院宮使者土御門藤子の旅宿へ赴く、
〃・十四　出馬、土御門藤子の旅宿へ赴く、
〃・十五　出馬、浜辺にて家来並に津藩兵鉄砲試射見分、ついで漁師網引見分、
参謀木梨精一郎横浜より帰来、
〃・十六　柳原卿供揃にて甲府へ進発、
〃・廿二　出馬、城外馬場へ赴く、
〃・廿五　沼津出陣、箱根着陣、
〃・廿六　箱根出陣、小田原着陣、
〃・廿七　小田原出陣、平塚着陣、
〃・廿八　平塚出陣、鎌倉着陣（鶴岡相承院）
〃・廿九　出馬、建長寺・鶴岡八幡宮・由比ケ浜へ赴く、
〃・三十　鎌倉出陣、程ヶ谷着陣、
四・一　程ヶ谷出陣、武州池上本門寺着陣、
〃・二　柳原卿本門寺着陣、

〃・四　本門寺出陣、江戸城西丸に入城し、勅旨を田安慶頼に伝宣し、本門寺帰陣、
〃・八　出馬、静寛院宮使者土御門藤子の旅宿へ赴く、
〃・十　本陣内にて津・浜松藩兵の調練見分、外廻り巡見、
〃・十三　本門寺出陣、江戸城点検の後、芝三田久留米藩邸に転陣、
〃・十五　出馬、東征大総督宮芝増上寺着陣につき赴く、
〃・十六　出馬、大総督宮陣所へ赴く（この後、しばしば赴く）
〃・十七　柳原卿大総督宮陣所へ赴く、
〃・廿一　出馬、大総督宮江戸入城につき先鋒として赴く、
〃・廿二　出馬、入城（この後、しばしば入城）
〃・廿三　柳原卿出馬、入城、
〃・廿六　桜田彦根藩邸に転陣、
閏四・四　柳原卿関宿辺賊党屯集により進発、
〃　・七　入城の帰途、静寛院宮を清水邸に訪う、
〃・廿一　大総督府参謀正親町公董の京都に赴くを品川に見送る、参謀木梨精一郎も差添出立、
〃・廿二　柳原卿帰陣、

〃・廿八　江戸城入城、城に泊り、翌日帰陣、
五・一　柳原卿甲州へ進発、
〃・四　出馬、肥後藩兵の姿にて見付巡見、
〃・十五　江戸城西丸大手前にて諸軍の整列を見分、
錦旗奉行兼大総督府参謀加勢穂波経度・参与万里小路博房と同道、彰義隊討伐の諸軍を指揮のため出陣、
〃・十七　出陣、上野東叡山点検、
〃・十九　江戸鎮台輔に任命、

陣中日記の中、名古屋滞陣中の二月十九日の記事と、駿府（府中）滞陣中の三月六日の記事を欠いている。しかし、これは筆者が日付を落したものか、本書編修の際に落したものか明らかでないが、両日とも日付を落したため、二月十八日と三月五日の記事の中に含まれている。前者については、東海道先鋒総督府が本陣の警衛を肥後藩に代えて津（藤堂）藩に命じたのが二月十八日なので、二月十九日の記事は、二二二頁九行目からと思われる。また三月六日の記事は、三一〇頁一行目からと思われる。

勤王証書の提出　戊辰戦争の勃発によって、総督が東行する沿道のあわただしい模様は、諸侯の使者や諸藩士・旧幕臣が総督の陣所に参上すること、あるいは政府の内国・軍防・会計各事務局からの状箱が

宿継で陣所に届けられることなどから窺うことができる。

こうした中で、総督にとって最大の関心事は沿道諸藩の向背であろう。総督は正月五日に京都を進発するとまもなく、大津滞陣中の九日に桑名藩の討伐を命ぜられた。使者に立ったのが参与正親町公董で、九日の条に正親町少将（二月二日左近衛権中将に進む）の名が見えている（四八頁）。桑名藩の動向は、四日市滞陣中の正月二十三日、藩主松平定敬の義弟万之助（定教）が総督の陣所に参上し、歎願している。またこの日、桑名藩士十三人が召捕られ、因州藩士に預けられた（一一四―五頁）。同月二十八日、総督が桑名に着陣すると、直ちに桑名城を接収する（一二七頁）。二月六日には、桑名家中の両人が陣所に参上しているが、これは朝命の趣を主君に達するために江戸に赴き、去る朔日、江戸を出立、帰桑の途中、佐屋駅で咎められ、陣所に出頭したものであるが、両人は一応尾州藩に預けられることになった（一五六―七頁）。

総督が東行するに従って、沿道諸藩は勤王証書を提出している。ただ陣中日記には単に届書とあるのみで、その辺のところは注意を要する。しかし、勤王証書を提出した諸藩は、その後、藩主の名をもって物を進上したり、家中のものがしばしば参陣して御機嫌伺いしているのでわかる。

二月十三日、総督が桑名から名古屋に着陣すると、翌十四日、駿河の小島藩松平（滝脇）丹後守信敏の重役伊藤均平・副使伊藤甲蔵が達によって参陣し、届書を差し出している（二〇三―四頁）。十五日には、甲蔵が使者として、主君よりの煎茶一箱を総督に進上し、均平が総督の御機嫌を伺い（二〇六―七頁）、十六日には、甲蔵が主君の親族が駿府警固にあたることを願い出ている（二〇九頁）。また同じ十六日には、参河の西大平藩主大岡越前守忠敬および田原藩主三宅備後守康保の家来がそれぞれ口上書・届書などを差し出している（二一〇頁）。これらはいずれも勤王証書を提出したものである。

右はその一、二の例であり、朝廷に勤王を誓った諸侯およびその家中、あるいは旧幕臣の宿駅通行は自由である。例えば美濃の八幡藩主青山峯之助幸宜は、総督藤枝滞陣中の二月二十七日、所労のため重役をもって、王事に励むために在所表に赴く旨を届け出ている（二六五―六頁）。

これに反して、向背の明らかでない諸侯に対してはすこぶる厳重で、不審であれば家中といえども、宿駅の通行は許されない。二、三例を挙げると、総督大津滞陣中の正月八日、摂津の高槻藩主永井日向守直諒が当駅を通行することになり、総督に随従の備前藩士が参上して届けたが、不審につき、今一応取調べということになった（三五―六頁）。しかし、これは日向守の使者が備前藩士に従って陣所に参上し、主君が上京のため、旧臘二十二日江戸表を発足し、今八日当駅通行の旨を上申しているから（三八―九頁）、その日のうちに解決した。ついで同じく大津滞陣中の正月十二日、若狭の小浜藩家中の者が陣所に参上し、朝廷に召されたので、前藩主酒井右京大夫忠禄が上京のために当駅の通行を願い出たが、小浜藩は不審の筋ありとの達により、一人の通行もなりがたしと命ぜられた（六六頁）。しかし、これも十三日には、美濃の大垣藩とともに通行が許されている（七一頁）。ただし大垣藩については、十五日に藩主戸田采女正氏共の家来の上京人数が制限されて、百五人ばかりは延正寺に置かれた（八一頁）。通行が許されなかった例は、正月十一日、高松藩の二人が阻止されている（五八頁）。

勤王証書の提出は、沿道の諸侯に限らず、旧幕臣に対しても厳重に督促した。総督が武州池上本門寺に進駐している四月九日、斎藤左近の家臣が御機嫌伺いと出入りの廉をもって献上物について伺ったところ、いまだ勤王の願書も差し出してないとの理由で断わられている。またこの日、旧幕府若年寄跡部遠江守良弼が勤王の願書を差し出したが、参謀方に提出するように命ぜられている（四三七頁）。

旧代官の金穀出納　正月五日、総督が京都を進発して大津に着陣すると、即日旧大津代官石原清一郎は使者を遣わして、御機嫌を伺い、かつ御用を仰付られたい旨を願い出て（一頁）、翌日には自ら陣所に参上し、総督と対面し（一〇頁）、八日にも総督の招きによって対面している。この日、また信楽代官多羅尾久右衛門（織之助）も陣所に出頭するよう命ぜられたが（三九―四〇頁）、九日織之助の手代が参上して、主人が大坂表に出張している旨を言上している（四五頁）。織之助が始めて陣所に参上、御用を伺ったのは、総督が水口を出陣しようとする同月二十日の早朝であった（一〇四頁）。

石原清一郎はいち早く総督の陣所に参上しているが、旧代官の両人が正月八日に陣所に召されたのは、その職掌がら、金穀の出納を命ぜられたからである。そのため十日には、清一郎の手代が陣所に参上して、納米の有高、納金銀その外諸取扱金銀の取高を記した書付を差し出している（五四—五頁）。多羅尾織之助については、桑名滞陣中の二月八日、参謀海江田武次の達により、輿など総督入用の品々を用意することになった（一七一頁）。輿二挺は乗物師伊八が仕立てることになったが、伊八が前借を願い出たので、十一日に五十両（一八七—八頁）、十二日に百両を請取っている（一九六—七頁）。しかし、この金子はいずれも参謀から出ているもので、五十両は橋本家の雑掌が、百両は柳原家の雑掌がそれぞれ参謀から支給され、織之助の手代に渡り（一八四・一九六頁）、伊八に支払われたのである。総督は十三日桑名を出陣、海上七里を宮に渡船するが、両卿の乗る一番船以下六番船の手配は、これまた織之助の役目であった（一九一—四頁）。

このように旧代官の両人は、総督の東下に従ってその御用をはたしていくが、両人はまた従来通り旧幕領を管理することを許されるのである。石原清一郎についていえば、正月九日、大津の陣所に参上し、右の旨を願い出て、総督から黙認された（四六頁）。しかし、十五日になって、参与役所にて疑心あるやに思われているから、自身上京して参与役所に願書を差し出しても宜しいかと伺ったところ、上京については参謀と相談するように申し渡されている（七九頁）。その後、清一郎自身上京したか否か不明であるが、十七日には陣所に参上して、従来通り支配を仰付られた旨を述べ、御礼を言上している（八九頁）。また多羅尾織之助についていえば、三月五日付の書状を沼津の陣所中の伊藤左近に送り、御沙汰により上京したところ、当月朔日、内国事務局において従来通り民政・租税を管理するように仰渡されたと報じ、総督への御礼言上を依頼している（三二九―三〇頁）。

偽官軍事件　総督が大津滞陣中に遭遇した事件は、赤報隊のいわゆる「偽官軍」事件であった。正月六日の夜、前侍従綾小路俊実・侍従滋野井公寿の両卿は水口藩士・元新撰組士らを率い、国事に報効すると称して相ついで京都を脱走し、近江愛知郡松尾寺村で東征先鋒隊を結成し、十日赤報隊と称した。隊は三隊に編成され、その一番隊長は三月三日、東山道先鋒総督府によって下諏訪で処刑された相楽総三（小島四郎左衛門将満）で、とくに著名である。

綾小路・滋野井両卿のことは、早くも正月十日、彦根藩主井伊掃部頭直憲の家来が陣所に参上し、両卿が去る七日に彦根領を立ち去った旨を報告し（五七頁）、十二日には、因州藩士が参上して、綾小路卿より旧幕臣松平求馬之介（高五千石、寄合）へ米銭の調進を命じたので、大津表より送るべき旨を答えたが、いかが取り計らうべきか伺ったところ、総督は頓着なしと答え、以後、かかることがあっても、よきように取り計らうべしと答えたとある（六八頁）。さらに十五日には、両卿の使者武田文蔵（三番隊長油川錬三郎、水口藩士）が陣所に来て、書状を呈し、総督の返書を受け取っている（八一―二頁）。

赤報隊との接触は右を第一とし、総督が四日市に進駐すると、さらに頻繁となった。正月二十五日、両卿の使者が書状を届け（一一六頁）、ついで滋野井卿の使者が桑名から来り、総督との面会の可否を尋ねている（一二〇頁）。二十六日には、肥後藩士が来り、滋野井卿が大垣から木曾墨股に下り、長島に立ち寄り、夕七つ時分（午後四時）桑名に着舟する旨を上申し、かつ安永村（現在桑名市）清雲寺を本陣とする赤報隊の動静を報じた聞取書を総督に差し出した。ここに始めて「赤報隊」の名が見え、上下人数百七十人ばかりとあり、門の左右に菊の御紋の高張提燈を立て、寺内も静かな様子と見受けられたとある（一二一―二頁）。ついで滋野井卿の使者松室近江が陣所に来り、これには総督が対面して、その後、滋野井卿が参上し、総督と始めて対面している。この間、肥後藩物頭が滋野井隊中の辻吉之進（十六歳位）の通行の可否を問合わせ、また滋野井卿の使者中山帯刀が伊勢の長島藩主増山対馬守正修の願書一通などを陣所に持参している（一二二―三頁）。おそらく赤報隊が差し出させた勤王証書であろう。

赤報隊最初の犠牲者は、四日市においてこの滋野井隊から出る。それは同じく正月二十六日の条に見える。滋野井卿付属人数は約二百人、その内、河北直一郎・山本太宰ら重臣九人は、非道の金銭を取立てたとの理由で肥後藩に召捕られ、参謀方の糺問を受け、因州藩に引渡され、御嶽川のほとりで斬首された（一二四―五頁）。滋野井卿は申の刻（午後四時）ごろ、総督の陣所から帰り、すぐ石薬師へと引き返えし、京都に向うのである。処刑を免れた隊員は分散し、これで滋野井隊は全滅するのである（一二五―六頁）。なお処刑の記事は、翌二十七日の条にも見える（一二六頁）。

総督が四日市から桑名に進駐すると、綾小路卿との接触が始まる。桑名に着陣した翌日の正月二十九日、綾小路卿が陣所に参上し、総督はこれと面会している。綾小路卿が鴨・勝栗・尾張銘酒を進上しているところを見ると、最初の犠牲者を出した滋野井卿の場合と比べて、総督の態度は寛大であったように思われる。なおこの箇所に、「綾小路前侍従殿」に「自今大原殿ト号由」との註記がある（一三〇頁）。綾小路俊実は大原重徳の子息で、綾小路有長の養子となったのである。この事件を契機に、生家に戻ることになり、大原の姓を称したのであろう（のち俊実の名をもとの重美に復した）。ついで尾州藩の使者が来て、綾小路卿付属人数の荷物の継立の可否を伺って、これを許され（一三一頁）、また卿の配下の藤村出羽太郎が来て、付属兵隊がすべて桑名の寺院に到着した旨を上申し、かつ赤報隊の印鑑を差し出している（一三三―四頁）。なお二月朔日にも、総督は綾小路卿と面会している（一三五頁）。

このように綾小路隊の荷物の継立が許され、卿以下隊員は帰洛するので、綾小路隊からは一人も犠牲者は出ていない。総督府はまず滋野井隊に対して厳然たる態度で臨み、綾小路隊を畏服させたのであろう。こうして赤報隊の二番隊・三番隊も解隊し、相楽総三の率いる一番隊が先鋒嚮導隊と称して中山道を進み、前記のような不運に遭遇するのである。

静寛院宮の使者　既述したように、橋本実梁は静寛院宮（和宮）の外戚であった。前将軍徳川慶喜が朝敵の汚名を蒙ったので、宮は慶喜の懇願をいれて、徳川家の救解を歎願するために、上﨟土御門藤子を東上させた。藤子は正月二十一日に江戸を立ち、東海道を上って行った。東下する総督と、東上する藤子とが落合ったのが桑名であった。

正月二十九日、伊藤左近が総督の使者として参謀の旅宿に赴き、藤子が面会を望んでいるが、総督には陣中のことで決しかねており、いかがすべきか内々相談したところ、面会して関東の事情を詳しく尋ね、かつまた京都の事情を話されたらよい、との海江田武次の答えであった（一三四頁）。翌二月朔日、宮の添番が陣所に参上して、藤子が桑名に到着した旨を届け、光徳寺へ旅宿を設けた由を告げると、総督は藤子を旅宿に訪れ、直ちに帰陣している。帰りぎわに伊藤左近は藤子と面会しているが（一三五—六頁）、総督と藤子の面談の内容など、詳しいことは陣中日記には見えない。ついで宮付の伊賀者が招きにより陣所に参上し、付添人数書を差し出している。それによると、藤子以下女中四人、番頭二人、添番三人、伊賀者四人、小人五人、下男八人、通し人足百二十五人、又供二人、中間二人、合わせて百五十七人の大勢であった（一三六—八頁）。これに対して、伊藤左近は東海道鎮撫総督府橋本殿雑掌の肩書で、藤子上京のため、一行の通行を取り計らうべき旨を認めた、桑名より京都に至る固場所各役人中に宛てた書付を参陣した伊賀者に渡すのである（一三八—九頁）。

その後、藤子は上京し、宮の徳川家存続の歎願の趣旨を朝廷に述べ、二月十八日、京都を出立し、帰府の途についた。二十三日、総督は進んで吉田に滞陣中、藤子の書状に接し（二三五頁）、この日、吉田を出陣、新居に着陣すると、問屋役人から藤子が当駅に着いたことを聞き、夜分になってその旅宿に赴くのである（二三九―四〇頁）。おそらく京都での歎願の首尾について語り合ったのであろう。その夜半、総督が帰陣するとき、田原藩主三宅備後守康保の出張所で腰掛けたままで下座しない者があって問題となったが、翌日その家来が歎願書を差し出して落着した（二四〇―一頁）。

総督が沼津滞陣中の三月十一日の条に、先ごろ尾州藩士に託して静寛院宮へ状箱を差立てたところ、ただいま請取書を持ち帰ったとの記事がある（三二九頁）。状箱をいつ差立てたか明らかでないが、総督が直接宮に書状を送ったことが知られる。その総督に、翌十二日、宮の御用を承った藤子からの状箱が到来した（三三〇―二頁）。藤子は京都からの帰途、二月二十三日、新居駅で総督と対面し、三十日に帰府したが、再び宮の命を受け、総督に会うため、三月十日、江戸を立って東海道を上って来たのである。三月十三日、藤子が沼津駅に着いたので、夕刻総督はその旅宿に赴くのである。ときに伊藤左近は、宮の侍女玉島から有栖川大総督宮付の山本伊予守への封状箱を藤子から託されるのである（三三九―四〇頁）。当時大総督宮は駿府にあり、山本伊予守への玉島の封状箱は、翌十四日に駿府に差立てられたが、この日総督はまた藤子の旅宿に赴いている（三四一頁）。

なお沼津滞陣中、三月二十四日、当駅を通行する一橋権大納言茂栄に託した宮の文箱を家老の都筑但馬守峯暉から受取っている（三六五―七頁）。また伊藤左近に宛てた藤子よりの状箱は、同月二十日に到来している（三五七頁）。

その後、総督は東行して、四月朔日、程ヶ谷を出陣、六郷川を渡ったところで宮の使者中山摂津守と対面し（四一八―九頁）、池上本門寺に着陣した。同寺滞陣中、六日には再び中山摂津守と対面（四三二―三頁）、八日には藤子が池上に到着すると、その旅宿に赴いている（四三五―六頁）。翌九日、静寛院宮は江戸城を出て清水邸に移居するが、総督が始めて宮を清水邸に訪れたのは、総督が池上本門寺から芝三田の久留米藩邸に転陣後の閏四月七日のことで、この日江戸城に登った帰途、訪れたものである（四八一―二頁）。この後も総督は宮の使者中山摂津守としばしば対面し、あるいは藤子の文箱が到来しているが、これは省略する。

総督の東下の途次、あるいは江戸滞陣中、上述のように宮との接触がしばしば行われたのは、橋本家が静寛院宮の外戚にあたるところから、宮が徳川家の救解を総督に歎願したためである。

輪王寺宮の東上　輪王寺宮入道公現親王もまた慶喜のために歎願する目的で、二月二十一日、江戸を発足して東海道を上って来た。総督は二月二十七日、新坂を出陣、藤枝に向う途中、金谷で小休の節、輪王寺宮使者自証院大僧都が宮に先行して金谷に来り、総督はこれと対面している（二五五頁）。翌二十八日、総督は駿府（府中）に着陣した。三月五日になると、有栖川大総督宮が当駅に着陣し、駿府城に入城した。この日、町年寄から輪王寺宮が今晩蒲原に泊り、明日当駅到着との上申があった（三〇九頁）。翌六日（既述のごとく三一〇頁一行目より六日の条である）、輪王寺宮執当大覚院大僧都が総督の陣所に来って御機嫌を伺い、ついで宮の使者戒善院大僧都が橋本・柳原両卿に歎願のために宮の到着した旨を届け出ている（三一一―二頁）。輪王寺宮が駿府城に登城し、大総督宮に歎願したのは七日のことで、総督もこの日の辰の半刻（午前九時）に入城しており（三一三頁）、大総督宮とともに輪王寺宮に謁したものか、陣中日記の七日の条には、輪王寺宮の動静は出ていない。宮はまた翌八日、自証院大僧都・戒善院大僧都を大総督府に遣わしているが、東海道先鋒総督府とはかかわりのないことなので、これも陣中日記には見えない。

三月九日、総督は駿府を出陣し、十日に沼津に着陣する。沼津滞陣中の十六日に、駿府を発足して江戸に向う輪王寺宮が当駅を通行する旨を、使者の自証院大僧都が総督の陣所に届けている（三四四―五頁）。

山岡鉄太郎の駿府行　この前後、旧幕府精鋭隊頭山岡鉄太郎（高歩、鉄舟）が陸軍総裁勝安房守義邦（海舟）の旨を受けて駿府に急行し、大総督府参謀西郷吉之助（隆盛）と徳川家の処分について談判したことは、史上とくに有名である。山岡が昨年末の三田薩摩藩邸焼打ちで旧幕府に捕えられていた薩摩藩士益満休之助を伴い、江戸を出発したのは三月六日、あたかもこの日、駿府に進出した大総督府は、東海・東山二道先鋒総督に本月十五日をもって江戸城進撃の期日とする旨を令したのである。そして山岡が駿府で西郷と談判したのが九日であった。総督は九日の卯の半刻（午前七時）に駿府を出陣し（三一九頁）、東進している。このために山岡と遭遇しなかったのか、陣中日記にはその名が見えない。本書に山岡鉄太郎の名が全然載っていないかというと、そうではない。七日の条に載っている。それは甲州出張中の参謀付属加藤監物が総督に差し出した探索書中に出てくるもので、それによれば、山岡は「甲州え関東より募兵」の筆頭に挙げられており、甲州攪乱の一人に数えられているのである（三一三―五頁）。

駿府で西郷と談判をはたした山岡は江戸に取って返すので、先行している総督の宿駅を通行しなければならない。十日以降、総督は沼津に滞陣しているが、山岡の名は陣中日記に見えない。ただ不審に思うのは、十二日の条に見える記事である。すなわち、前日付の大総督宮付属の尾州藩士土岐市右衛門より総督用人衆に宛てた紙面が到来した。その内容は、今般大総督宮よりの内命があって山田藤太夫を急行させるから、拝謁を取り計らってほしいと願ったものであった。紙面が到来すると、総督は直ちに本人と対面している。ついで十二日付の山田藤太夫より伊藤左近に宛てた紙面が到来し、それには宮に御用があって、旅陣へ伺候、御目見仰付られ、用談首尾よく申上げたから、ついでの折に御礼をとりなしてほしいと依頼し、かつ当駅宿陣は沼津横町の徳田屋定助と知らせてあった（三三二―四頁）。駿府・沼津間十四里二十四町、この前後、沼津を通行した山岡らしい人物は、陣中日記の上では、山田藤太夫以外には見つけ出せない。山岡鉄太郎は、あるいは「山田藤太夫」と称して通行したのではなかろうか。新説なので、しばらく疑を存しておく。

月給の支給　橋本・柳原両総督の一行が京都を進発してから一ヶ月余、桑名滞陣中の二月七日のことである。二、三日前から、両卿の近習から金十両ずつ、別当以下の下輩からは小頭をもって小遣を少々拝借したいと、それぞれ雑掌に歎願した。雑掌がこれにつき総督に伺ったところ、考えもあるから、参謀の家来は一ヶ月いかほど貰っているか、内々問合わせるように、と仰付られた。そこで伊藤左近と土橋対馬守の両人が参謀の海江田武次に問合わせると、家来へは一ヶ月いかほどときめて遣わしていないが、しかしなんで問合わせたのかと尋ねられたので、両人は家来より拝借願いがあったが、出張につき、いかほど遣わしてよいか、先規もなく、大いに心配して問合わせた、とその事情を申し述べた。これに対して海江田は、雑掌以下下輩に至るまで、役割人数書を差し出すように、と両人に頼んだ。

伊藤左近は右の旨を総督に言上すると、家来が参謀の世話になってはならぬ、柳原殿はどうであれ、当家は絶対にならぬ、ときついお叱りであった。伊藤は総督のお叱りを蒙ったので、人数書を差し出さぬ旨を海江田に申し入れたところ、海江田は土橋に面会して、なんとなく人数書を差し出すようにというので、土橋からこの旨を言上したところ、それならば宜しいとの御沙汰があったので、雑掌以下、両家の人数書を差し出した（一六一―二頁）。伊藤左近が陣中日記に「此義ニ付、蒙御叱ヲ太心配候事」（一六二頁）と書いているところを見ると、総督の叱責がだいぶ骨身にしみたらしい。

役割人数書にはそれぞれ名前が載っており、橋本家では雑掌一人、近習五人、小頭二人、別当二人、手廻り二人、柳原家では雑掌一人、近習四人、小頭二人、別当二人、手廻り三人であった（一六二―五頁）。

するとその日のうちに、海江田武次・木梨精一郎の両参謀連名の紙面が伊藤左近・土橋対馬守に届き、いずれか一人が来てほしいといってきた。伊藤が参謀の旅宿に出向くと、金八十六両が渡されるのである。その内訳は、雑掌二人が金十両ずつ、近習九人が金五両ずつ、小頭四人が金三両ずつ、別当・手廻り九人が金一両ずつであった。なお伊藤は総督の叱責を蒙っているので、一応小頭をもって伊藤・土橋連名の落手書を両参謀に提出し、伊藤が総督に言上したところ、落手書は差し出すように、なお明日談合の上で取り計らうであろうとの御沙汰を得た（一六六―九頁）。翌八日、参謀との談合がついたものか、金子が渡され、伊藤左近は金十両を頂載し（一七〇―一頁）、拝借金事件は落着したのである。

同じく桑名滞陣中の二月十日、ついで駿府滞陣中の同月二十九日、参謀から人数書を提出するようにとのことで、それぞれ提出している。二十九日の分では、他に別当二人が加えられて、十四人となっている（一七八―九頁・二七六頁）。これは去る二十七日、藤枝に着陣したとき、勤王証書の提出のところで述べた小島藩主松平丹後守信敏の家来に、馬一疋・口付（別当）二人の借用を依頼し（二六〇頁）、翌二十八日、丹後守の使者が陣所に参上して興津鯛一籠を進上し、依頼の馬と口付を本陣に差し出した旨を答えている。別当二人が追加されたのは、丹後守差し出しの分である。なおこのとき、丹後守の使者は朝命によって松平姓をやめ、本姓の滝脇を名乗ることを届けている（二七四頁）。

参謀からの人数書提出の指示が、月給の支給と関係があるのかどうか不明であるが、とにかく三月三日、駿府で始めて月給が交付されるのである。それまで朝廷から手当らしい金の支給はなかった。前述の拝借金事件もそのためにおこったものと考えられる。手当金の額は、総督が金百両、雑掌が金七両、近習が金五両、小頭が金三両、別当・手廻りが金二両ときまり、伊藤左近と土橋対馬守は連署して、三月分手当金として金二百八十九両を請取った旨の証書を書いている（二九八―三〇〇頁）。ここには支給先が出ていないが、後の例から見ると、金子は賄方から出ている。なお滝脇丹後守差し出しの別当二人には、手当金の内から、金二両ずつ金四両を支給すること、ただしこの分は二十四日に渡すとの註記がある（三〇〇頁）。

橋本・柳原両家の家来は、去る正月五日に京都を発足してから、前述の拝借金は別として、総督を含めて家来一同が始めて手にした月給であった。これは陣中で支給が遅れたわけではない。この日、朝廷は総裁・議定・参与以下に始めて月給を支給したのである。議定兼輔弼の正親町三条実愛は、この日の日記に「御用多ニ付、正月分、先五百金被渡之」（「嵯峨実愛日記」二、二三七頁）と認めている。正親町三条卿は正月分としているが、橋本・柳原両卿以下の分は、この後の例を見ても明らかなごとく、三月三日に支給された月給は三月分で、二月、あるいは正月に溯っての支給ではなかったのである。

総督の一行は三月八日まで駿府に滞陣して、十日に沼津に着陣するが、沼津滞陣中の十七日の条に次のような記事がある。昨日のこと、大総督府参謀から、駿府滞陣中に両卿家来の者が本陣から同所二丁町の遊所に出かけ、いかがの挙動があった、との通達があった。それで厳重に取調べたところ、両家の下輩の内には遊興に出かけたものもあったが、法外の所業はなかったが、両家の近習以下別当・手廻りは、不束の儀がないように奉公する旨の誓書を雑掌に差し出したのである（三四五―五〇頁）。駿府滞陣中の何日の事件か不明であるが、あるいは始めての月給を手にして、遊所を浮かれ歩いたのであろうか。

ついで池上本門寺に滞陣中の四月三日、伊藤左近は賄方より例月の通り手当金を引渡されたとして、金百五十両を請取っている。ここでは別当四人の計算である（四二四―五頁）。江戸桜田の彦根藩邸に滞陣中の閏四月朔日、橋本・柳原両家に例月の通り賄方より手当金が出て、両家雑掌は金二百九十七両を請取り、奥書に捺印している。ここでは別当八人の計算である（四七一―三頁）。ところが十一日になると、橋本家は参謀木梨精一郎より金三百両を借用し、伊藤左近が請取書を書いている（四八六―七頁）。これはなんの支途に用いたのであろうか。ついで同月二十九日、橋本家に賄方より月給金が出て、伊藤左近が奥書に捺印している。ここには明らかに五月分とある（五一一―二頁）。したがってこれまで支給された月給は、正親町三条卿のごとく前に溯ることなく、その月の分であったことが知られる。

五月分の月給が出て間もない五月二日の夜、橋本家手廻り卯之介（助）が内藤新宿の高島屋吉兵衛方で徳川脱走仁義隊のものに手疵を負わせ、屯集所へ連行される節、同道の参謀海江田武次の家来新太郎が殺害されるという事件がおこった。もっとも後に新太郎は海江田の家来でないことがわかったが、大総督府から先鋒総督府参謀に掛合いがあって、橋本家の手廻りと判明し、陣中に引き取ったという記事が、五日の条に出ている（五一五―七頁）。これも月給を手にして、先の誓書のことも忘れ、内藤新宿の遊所で羽目をはずしたのであろう。

右に述べたように、陣中日記で四たび月給が支給され、しかも総督以下各人の支給額が明らかにされている。新政府成立当初の月給の支給は、余り諸記録にも見えず、実態がつかみにくいが、本書によってやや判明した。貴重な史料というべきであろう。しかし、橋本実梁も柳原前光も本職は参与であり（柳原は二月七日、参与助役より参与に進む）、陣中で支給された金百両は、先鋒総督としての月給なのか、そして参与としての月給は京都の留守邸に支給されたものか、あるいは本職・兼職を含めての月給なのか、その辺のところは明らかでない。

宿駅にて　正月五日、総督が肥後藩兵を従えて京都を進発して以来、東行するにつれて、その兵力は次第に強化されている。大津滞陣中の同月十日には、随従の諸藩は肥後藩を別として、備前・佐土原・大村・彦根・阿波・膳所六藩の名が見え（四八―九頁）、六藩は兵数・大砲数の申告を命ぜられ、ここには備前・膳所両藩の兵力が載っている（五三―六頁）。進んで四日市滞陣中の同月二十三日には、上記の諸藩の他に、水口・亀山・津（藤堂）・因州の四藩が加わっている（一一三―四頁）。桑名藩討伐のために強化されたためである。その後、東行するに従って、随従の諸藩に交代があるが、一々触れない。

四日市滞陣中の正月二十五日、参州・勢州へ使者の差立てを肥後藩に命じた。その一行のものものしさは、両掛五荷・桐油籠一荷・御籏一本・御幕・長持五棹・沓籠二荷・莚包（酒樽）二荷・御挑灯、この人足三十六人、他に用意の人足二十人、合わせて五十六人、肥後藩兵はこれを従え、行列を整えて進む。参謀木梨精一郎は一行の書付に目を通すのである（一一八―九頁）。このものものしい使者の行列こそ、先に述べた勤王証書の提出を諸藩に勧説するための工作であった。

四日市から桑名に進むと、二月三日、肥後藩に命じて、遠州・駿州・豆州などへ使者を差立てさせている（一四四頁）。また中泉代官大竹庫三郎・府中代官田上寛蔵・韮山代官江川太郎左衛門への召状をもたらさせている（一四五―六頁）。さらに五日にも、肥後藩に命じて甲州に使者を差立てさせている（一五〇頁）。いずれも勤王証書を提出させるためである。総督は沿道諸藩にこのように勤王を勧説しつつ東進するのであるが、あとは省略する。

この桑名滞陣中、興味深い記事がある。それは二月九日、総督の昼食の節、平椀に竹の子をつけたが、毒見として伊藤左近にもそれをつけたのである（一七五頁）。場所が桑名なので、心が許せなかったのであろうか。毒見の記事は、ここ一ヶ所しか見えない。

吉田着陣の二月二十二日、総督の家来一同に「錦御袖印」が支給された（二三二頁）。ついで浜松着陣の二十四日には、小頭の源兵衛と柳原卿の小頭へも一枚ずつ渡されている（二四四頁）。これは御所より送られたものとあり、いわゆる官軍の錦裂で、江戸に近づくにつれ、諸藩士にも支給され、枚数も多くなるが、錦裂の支給は吉田駅が最初で、まず総督の家来から始められたのであろう。

総督は東進して、二月二十八日、駿府に着陣すると、三月朔日、尾州・備前・肥後三藩兵を小田原に転陣させた（二八二―五頁）。翌日には会津藩兵が大礒に繰り出したとの風聞があり（二九八頁）、六日には甲州へ賊徒が押し寄せたとの風聞があって、参謀海江田武次が甲州に出張することになった（三一一頁）。七日の条に参謀付属加藤監物が提出した甲州探索書が載っており、先に指摘したように、山岡鉄太郎は関東から募兵に来たことになっている。また「甲州奸曲人」として、神座山檜峯神社祠官の武藤外記・藤太父子の名も見え、甲州の侠客黒駒の勝蔵は「俗名黒ゴマ郷勝、博奕人」で出ている（三一三―五頁）。

三月十日、総督は蒲原を出陣して沼津に着陣した。この途中、富士川を渡った松岡村で、津藩の鉄砲火薬を積んだ地車が下り坂で爆発し、村人が諸道具を持ち出すやら、大いに動揺した一幕があった（三二八頁）。翌十一日、参謀木梨精一郎が横浜に出発し、橋本家近習手島厚之助は付属として随従した（三二八―九頁）。木梨は政府軍の東進を英国公使パークスに告げるためであった。すでに海江田は甲州に出張し、木両参謀が不在となったため、肥後藩の安場一平、津藩の吉村長兵衛が参謀加勢となるが（三二九頁）、木梨は十五日、海江田は十六日、それぞれ帰ってきた。木梨に同道した手島は異人印鑑を所持せず、神奈川宿に逗留していたのであった（三四三・三四五頁）。ついで十九日、柳原卿は甲州鎮撫のために沼津を進発した（三五一頁）。海江田がこれに従ったのである。

沼津滞陣中の三月二十一日、津藩士が切腹するという事件がおこった。津藩士が木梨参謀の馬を借用し、乗りかけ追いにて鞭を打ったところ、参謀の別当が主人の馬に鞭打つとは不埒と言掛りをつけてやまず、津藩の陳謝でようやく事なきを得た。藩では事件をおこした藩士を国許に返すことになり、原宿まで行かせたが、どうしたわけか、また沼津に立ち戻り、二十一日の夜、切腹したというのである（三六四頁）。津藩は相手が参謀なので、藩士を帰藩させるという厳重な処分をしたのであろう。参謀の権勢が窺える。

木梨参謀といえば、去る正月十八日、大津を進発して草津に向う途中、鳥井川村の小休所において木梨の乗馬の口輪がはずれ、このために藤木勘解由が主人の柳原卿から咎められ、翌日暇が出て、草津から帰京させられた（九三頁）。いずれにしても参謀の乗馬は、随従の者にとっては腫物にさわる思いだったに相違ない。

総督が遠州・駿州・豆州と進むに従い、沿道付近の神社の祠官の陣所参上が目立つ。沼津滞陣中の三月二十二日、伊豆国三島神社祠官矢田部式部の子息、鶴次郎が父に代わって陣所に御機嫌伺いのため参上している（三五九頁）。ついで翌二十三日には、相模国阿夫利神社祠官、白川家配下の内海式部大輔と山田平馬が参上して、山葵一台を献上し、かつ最寄り進軍の際の警衛、引きついで供奉仰付られたいと願い出た。彼らのいうところによると、社家総軒数約百三十軒、その内、白川家配下の分が八十軒あり、国学者平田大学門人、剣道は千葉周作の門人、宇田川太郎取り立てにて、若手の者が約三十人おり、相応の御用を勤めたいとのことであった。総督は多用で対面なく、伊藤左近が応対し、途中の出迎えの警衛は勝手次第であるが、供奉は即答いたしかねる、と申し渡したのである（三六〇―一頁）。

政府軍の東進に際し、神官を中心に遠州報国隊、駿州赤心隊、あるいは豆州伊吹隊が組織されていくが、これはその一斑を示すものである。

江戸にて　箱根の嶮をすぎれば、江戸は目睫の間にある。総督は三月二十六日、箱根を越えて小田原に着陣し、その後、行を急いで四月朔日、武州池上本門寺に入った。かねて甲州に出陣していた柳原卿は、翌二日に着陣した。その後の総督の動静は、前掲の行程表に譲って、ここでは触れない。

四月十一日、旧幕臣の早川豊吉が陣所に来て、昨夕から今朝にかけて、歩兵約二千人が脱走した旨を届け出ている（四四三頁）。あたかもこの日は江戸城明け渡しの当日であったが、市中の混乱ぶりが窺われる。翌十二日、北陸道先鋒総督府へ状箱を届けた浜松藩士両人が、返翰を持参して本門寺に帰ってきた。その話によると、総督府は浅草東本願寺掛所に在陣のつもりで出かけたが、九日に浅草寺裏手の六郷某の上屋敷に移ったという（四四七―八頁）。浜松藩がこの命令を受けたのは四日のことで、総督府は千住宿辺に在陣と聞かされ、使者は翌五日の早朝に出立したらしい（四二八―九頁）。北陸道先鋒総督府の陣所すら明確でなく、江戸進入当初は、各先鋒総督府間の連絡すら思うようにならなかったらしい。五日に出立したとすれば、往復に八日を費したことになる。

閏四月三日、下総八幡辺に屯集した賊党の物見に行った備前藩士雀部八郎が帰着して、総督に報告した。それによると、今暁備前藩屯所が賊党に朝懸けされ、死傷者を出したという。そして雀部はまた出立した。これがために翌四日、柳原卿が鎮撫に進発した（四七六―七頁）。十四日、雀部は上総大多喜表で柳原卿に謁し、封状箱を託されて帰着し（四九一頁）、柳原卿が帰陣したのは二十二日であった（五〇五頁）。しかし、柳原卿は五月朔日には、甲州表にまた進発して行った（五一二頁）。

騒擾は江戸の周辺に移っていったが、江戸の治安が回復したわけではない。すでに四月二十一日以来、大総督宮は江戸城に滞陣していたが、閏四月五日の七つ時（午前四時）ごろ、大砲のような砲声が聞えた。早朝のことで、そのときは何処かかわらなかったが、後に判明したところによると、陣所にしていた桜田の彦根藩邸の外構、城の堀端の方にある穴門前の駒除の所で小桶が破裂し、焔硝が発した跡があった。その傍に六斤位の破裂弾が二つあり、一つは導火線が中ほどで消え、一つは導火線もなく、二つとも弾中に合薬が少し入っており、いずれも不発であったという（四七八頁）。江戸城近く、何者が爆発物を仕掛けたのか、ついにわからず仕舞いに終ったらしい。五月四日、総督は乗馬で見付を巡見したが、姿を肥後藩兵にやつしての巡見であって（五一四頁）、江戸の治安もさることながら、すでに上野の彰義隊との紛争が問題となっていたので、巡見にもこのような大事をとったのであろう。

総督が本門寺に着陣して以来、いわゆる錦裂の支給は次第に増加していく。四月四日、尾州藩へ七十三枚（四二八頁）、翌五日、肥後藩の参謀加勢安場一平へ五十枚（四三〇頁）、十四日には再び尾州藩へ五十枚（四五一頁）、十七日には津藩の参謀加勢吉村長兵衛へ三十枚が下付されている（四五九頁）。閏四月三日になると、錦裂の他に東海道鎮撫総督府の袖印もでき、橋本家の分として十四枚を書記方から受領し、配布している（四七五頁）。その後も錦裂下付の記事は散見するが、閏四月二十二日、橋本家近習中沢外記が一度に千枚を江戸城中に持参し、差し上げているが、これが最大の枚数であった（五〇五頁）。

総督が江戸に滞陣してから、四月二十三日、輪王寺宮使者安藤播磨守が陣所に来り、安着と陣中見舞をかねて物を進上し（四六五頁）、閏四月八日には、本間信濃守が使者として来り、宮が十九日をもって上京の途に就くことを告げている（四八四頁）。しかし、これはついに実現せず、宮は彰義隊に擁せられ、五月十五日の上野山内の戦いとなるのである。戦後の十七日、総督は山内を点検し、小休所にあてられた上野広小路の松坂屋利兵衛方にいた際、神田橋外の安蔵なる者が、戦場の焼跡から小判十枚・焼銀などを拾得したと訴え出たので、総督は褒美として金五両を安蔵に与えたのである（五二二頁）。

以上で本書の内容について述べたが、先に指摘したように、本書は大総督宮との軍議、あるいは静寛院宮使者との応対などについては触れていない。雑掌の記録であるから、むしろ当然なことである。本書の特色は、伊藤左近為迪が雑掌としての職掌柄、陣所に関するあらゆる事柄を事務的に細大もらさず書き留めた点であろう。したがってその記事から、その日その日の陣中の様子が克明に知られることである。

橋《はし》本《もと》實《さね》梁《やす》陣《じん》中《ちゅう》日《につ》記《き》

日本史籍協會叢書 172

昭和 四 年九月二十五日發行
昭和四十八年六月 十 日覆刻

編 者 日本史籍協會
代表者 森谷秀亮
東京都三鷹市大澤二丁目十五番十六號

發行者 財團法人 東京大學出版會
代表者 福武 直
一一三 東京都文京區本郷七丁目三番一號
振替東京五九九六四電話(八一一)八八一四

印刷・株式會社 平文社
本文用紙・北越製紙株式會社
クロス・日本クロス工業株式會社
製函・株式會社 光陽紙器製作所
製本・有限會社 新榮社

日本史籍協会叢書 172
橋本実梁陣中日記（オンデマンド版）

2015年1月15日 発行

編 者 日本史籍協会
発行所 一般財団法人 東京大学出版会
代表者 渡辺 浩
〒153-0041 東京都目黒区駒場4-5-29
TEL 03-6407-1069 FAX 03-6407-1991
URL http://www.utp.or.jp

印刷・製本 株式会社 デジタルパブリッシングサービス
TEL 03-5225-6061
URL http://www.d-pub.co.jp/

AJ071

ISBN978-4-13-009472-6 Printed in Japan